TÓPICOS DE ECONOMÍA COMPRENSIVA

Luis Razeto Migliaro

Univérsitas Nueva Civilización

Título: Tópicos de Economía Comprensiva

Autor: Luis Razeto Migliaro

Reg. Prop. Int. N° 253562

Edición: Univérsitas Nueva Civilización

Santiago de Chile, 2017.

PRESENTACIÓN

La 'economía comprensiva' busca, precisamente, comprender la economía. Entenderla en su complejidad, en la pluralidad de sus componentes, en la diversidad de sus formas. Por eso no se limita, como hacen las distintas corrientes de pensamiento económico moderno, a considerar una de sus formas particulares - la economía de mercado, o la economía de planificación central, o alguna modalidad de economía mixta - y proponerla como expresión de **la** racionalidad económica general, sino que examina cada una de las formas que han asumido la producción, la distribución, el consumo y la acumulación a lo largo de la historia y en el presente, considerando a cada una de ellas como una racionalidad económica particular, constitutiva de una parte o de un sector de la economía general, y siendo en consecuencia necesario entender sus interacciones y relaciones recíprocas con los otros sectores, los que en su conjunto configuran las estructuras y los procesos de la economía real.

Economía 'comprensiva', entonces, en la doble acepción de la palabra comprender: en cuanto comprende, o sea, incluye e integra todas las formas y modos de la economía, y en cuanto no se queda en la descripción, cuantificación y análisis de las interrelaciones entre las variables económicas, sino que va más al fondo, para identificar las estructuras y los procesos económicos en su complejidad, buscando identificar sus causas y procesos configurantes a partir de sus actores, de las actividades que estos realizan, de sus objetivos, intereses, conocimientos, proyectos y comportamientos.

Para tal comprensión integral de la economía se requiere un paradigma epistemológico muy distinto al que, fundado en el cientismo positivista, ha caracterizado a la disciplina económica moderna en sus diversas corrientes. La nueva estrucura del conociento que funda la economía comprensiva parte de la conciencia de que la historia, y la economía, y la política y la cultura, las hacemos y las guiamos los individuos, las organizaciones y los grupos humanos, y de ello tomamos conciencia real sólo cuando nos sabemos protagonistas y actores autónomos de la historia. Entonces nos es posible comprender que las ciencias de la economía, de la política y de la cultura no pueden ser disciplinas que conciban la realidad como procesos naturales y objetivos, independientes de la conciencia, de la voluntad, de las emociones, de las éticas y de los valores propios de quienes sean los organizadores, protagonistas y guías de esa economía, política y cultura.

La creencia en la objetividad de la ciencia económica se funda en una concepción positivista y naturalista de la realidad social, que por un lado es un error teórico y filosófico, y por otro lado es un ardid de las clases dominantes y de los sectores dirigentes, que de hecho dominan y dirigen conscientemente la economía, pero que la presentan como si lo que ellos han organizado fuera una 'necesidad' histórica, un proceso objetivo e ineludible, expresión de 'la' racionalidad, como si el actual estado de la economía fuera independiente de sus propios intereses y objetivos. Los dominados y subordinados, incluyendo entre ellos a los economistas, adoptan fácilmente dicho paradigma naturalista puesto que ellos experimentan pasivamente las condiciones históricas, económicas y políticas, y no son actores de los procesos, que los conduzcan con su conciencia y su voluntad.

Incluso el marxismo, crítico de la dominación y postulador de transformaciones revolucionarias, incurre en el mismo error de suponer una economía naturalizada, sujeta a leyes objetivas e independientes de la voluntad de los hombres. Cae en el error porque teóricamente no logra superar el horizonte teórico del positivismo y del naturalismo materialista. Y cae en el error porque no llega a concebir a los individuos humanos como hacedores de la historia, proponiendo en cambio que ellos deben simplemente sumarse a fuerzas supuestamente objetivas, parteras de la historia, que actuarían conforme a dichas leyes objetivas, a aquella necesidad histórica. Esto incluso es teorizado en la idea de que la libertad no es sino la conciencia de la necesidad, esto es, actuar conforme a un supuesto dinamismo objetivo inherente a la historia, e independiente de la conciencia y de la voluntad, de las decisiones y de las opciones que puedan realizar los individuos y los grupos.

Pero los iniciadores de la economía solidaria, enmarcados en el proyecto de creación de una nueva civilización superior, estando liberados de la subordinación a los poderes y a los modos consolidados de hacer las cosas, conquistada la propia autonomía en base a la cual cada uno es guía de sí mismo y, junto con los demás, creador de cultura, de economía y de política, estamos en condiciones de superar el naturalismo y el positivismo en el conocimiento. Para los creadores de cultura, que la construyen consciente y libremente, las ciencias y las artes y la cultura toda, ya no son mera superestructura determinada por estructuras supuestamente objetivas, necesarias y que proceden conforme a leyes ineluctables.

Entonces, abandonamos la idea de una disciplina económica objetiva, porque hemos descubierto que toda la realidad histórica, económica y social, es realidad concebida, construida, guiada y coordinada por personas y grupos humanos. Personas y grupos que las crean y organizan, y que al crearlas y organizarlas ponen en esa realidad que construyen, su propia subjetividad, sus valores, sus éticas, sus objetivos, sus ideales, y también sus engaños, sus ambiciones, sus intereses, sus maldades, sus contravalores. Todo eso es parte de la realidad, y por tanto, todo eso debe ser comprendido por la ciencia de la economía, y reconocido como parte esencial de la explicación de los procesos históricos.

Por eso, la predicción científica ya no es una mera predicción de lo que ocurrirá si los comportamientos humanos continúan siendo automáticos y regulares, guiados por los objetivos y por la racionalidad dominante, o sea una simple proyección de las tendencias en curso. La predicción será en cambio el enunciado de los resultados que se espera y que se sabe que ocurrirán como efecto de la acción de todos los constructores de las realidades nuevas, económicas, políticas y culturales.

Sintetizando, podemos concluir que la nueva estructura del conocimiento que funda la economía comprensiva, presenta profundas diferencias respecto de las disciplinas económicas llamadas 'modernas'.

Mientras la disciplina económica moderna se ha institucionalizado y burocratizado, procediendo a conocer mediante la aplicación mecánica de métodos y técnicas formalizadas, las elaboraciones de la economía comprensiva son conocimientos vivos, que se gestan en el diálogo y la comunicación intersubjetiva entre todos los sujetos activos, creadores de la historia y constructores de la economía, la política y la cultura.

Mientras la disciplina económica moderna procesa 'datos' e 'informaciones' recolectadas mediante procedimientos técnicos de los que se espera la validación de las hipótesis formuladas en base a la propia teoría preconstituída, la economía comprensiva procede a través de la experiencia multifacética configurada como una 'filología viviente' en la que todos participamos.

Mientras la disciplina económica moderna se centra en la **cuantificación** de la realidad, privilegiando las dimensiones mensurables y aquellas que pueden ser procesadas matemática y estadísticamente, la economía comprensiva se centra en la **comprensión** de la realidad y de sus procesos, prestando especial atención a los aspectos cualitativos, y especialmente a las novedades históricas.

Mientras la disciplina económica modernas buscan en las estructuras las causas del presente, la economía comprensiva analiza las estructuras presentes como resultado de procesos históricos complejos, y busca explicar los hechos y procesos por sus actores, de modo que el futuro se explica por el presente.

Mientras la disciplina economica moderna trata de ocultar la subjetividad tanto del 'objeto' que estudian como del sujeto cognoscente, para que no interfieran en la dinámica de lo real por conocer, la economía comprensiva pone de manifiesto la subjetividad, precisamente con la intención de intervenir en la historia, de construirla consciente y libremente.

Mientras la disciplina económica moderna considera a los hechos y las dinámicas económicas como resultado de variables y de parámetros, separando cuidadosamente los juicios sobre hechos de los juicios de valor y de las apreciaciones éticas, la economía comprensiva considera las realidades económicas como resultado de opciones y de acciones, y en consecuencia incorpora los valores y la ética en el conocimiento, sea en cuanto se las reconoce presentes y activas en la realidad de las empresas, del mercado, del consumo y de la acumulación, sea con la intención de abrir camino a realidades nuevas, superiores a las de la actual economía en crisis.

Mientras la disciplina económica moderna construye y determina, como resultado de todo lo anterior, la pasividad histórica de las multitudes, y sirve al control de las masas y de los procesos para que no se desvíen de las racionalidades imperantes y dominantes, la economía comprensiva pretende la activación de todos, en orden a la liberación de las energías conscientes y libres de las personas, y el potenciamiento d las racionalidades emergentes de las que son portadores los creadores de las nuevas economía, política y cultura.

Es de estos modos que la economía comprensiva busca comprender lo que está sucediendo, y proyectar soluciones eficaces a los problemas reales y actuales.

En el presente libro recogemos algunos artículos en los cuales, fundados en el paradigma epistemológico de la economía comprensiva, abordamos algunos problemas reales y actuales de la realidad económica contemporánea y buscamos los modos en que puedan enfrentarse para el bien de la sociedad y de las personas. Son solamente unos cuantos 'tópicos' de economía comprensiva. Una visión de conjunto de la que hemos propuesto como una ciencia económica comprensiva la hemos desplegado en dos extensas obras anteriores: *Teoría Económica Comprensiva* (1994), y *Desarrollo, Transformación y Perfeccionamiento de la Economía en el Tiempo* (2000).

I.

EL SENTIDO MORAL Y ESPIRITUAL DE LA ECONOMÍA PERSONAL Y FAMILIAR

INTRODUCCIÓN

De vez en cuando es necesario volver a los principios e ir a los fundamentos, para renovar el espíritu de lo que hacemos y reencontrarnos con las orientaciones morales y las motivaciones ideales que nos impulsan.

Podemos definir la felicidad como el estado interior de satisfacción, gozo y plenitud que produce en nosotros la realización progresiva de lo que estamos llamados a ser como seres humanos, en las distintas dimensiones de la existencia en que se presentan y expanden nuestras necesidades, aspiraciones y deseos.

Estas dimensiones de la existencia humana son, en lo esencial:

1. La vida económica, por la cual satisfacemos nuestras necesidades de alimentación, vestuario, habitación, seguridad, salud, etc., y que realizamos mediante el trabajo y las actividades productivas, los intercambios que efectuamos con las otras personas y organizaciones que forman parte de la sociedad, el consumo de bienes

y servicios, y la acumulación de reservas que nos permiten garantizar su satisfacción en el tiempo.

2. La vida comunitaria, social y política, en la que satisfacemos nuestras necesidades de pertenencia a colectivos humanos, nos hacemos útiles a los demás, construimos vínculos de amistad y solidaridad, y formamos parte de dinámicas históricas que vivimos socialmente, políticamente y como humanidad.

3. La vida cultural e intelectual, por la que conocemos la realidad en su unidad y en toda su diversidad y complejidad, nos orientamos en lo que hacemos con los valores y virtudes que hayamos desarrollado, desplegamos nuestra creatividad produciendo las obras y creaciones que nos expresan, y dejamos en el mundo las huellas de nuestras acciones y actividades transformadoras.

4. La vida espiritual, que vivimos interiormente, que nos lleva al encuentro de nuestra propia humanidad, nos mueve a trascender lo material, lo social y lo intelectual, y nos impulsa a buscar la plenitud del sentido de la vida y la trascendencia a la que aspiramos desde lo más profundo de nuestro ser.

Estas cuatro dimensiones esenciales de la existencia humana nos proporcionan, al desplegarlas y realizarlas, cada una sus propias satisfacciones y goces. En efecto, la 'sabiduría del universo' (póngale cada uno el nombre que quiera: Dios, la naturaleza, el cosmos noético, el azar) ha dispuesto para nosotros múltiples goces y placeres que nos facilitan la vida y nos mueven a desarrollarnos en esas cuatro dimensiones: los placeres de la vista, los encantos de la música, los perfumes de las flores, el sabor de los alimentos, las emociones que nos proporcionan los paisajes, y los animales; los placeres del sexo; las alegrías de la vida familiar; las emociones de la amistad y de la solidaridad; la satisfacción de observar los frutos del trabajo cumplido; el disfrute al consumir los bienes y servicios; los placeres intelectuales de la literatura, y de las ciencias, de la investigación y contemplación de la verdad; los gozos espirituales de la oración, de la meditación, los dones de la gracia divina.

De ninguna de estas cuatro dimensiones de la existencia humana podemos prescindir, siendo todas indispensables en nuestro desarrollo humano. Todas ellas están intimamente relacionadas, y es en la articulación y armonía de su realización integral y progresiva, que alcanzamos la más elevada felicidad. Las unas sirven y enriquecen a las otras, y las dotan de consistencia, amplitud y profundidad humana.

Cada una de ellas tiene sus propias dinámicas y estructuras, y se despliegan conforme a sus propias lógicas y modos de desarrollo, que pueden ser más o menos favorables al desarrollo humano integral, y en consecuencia, proporcionarnos mayores o menores felicidades. Conviene, en consecuencia, examinarlas cada una en sus propios méritos.

En este trabajo enfocamos la dimensión económica en cuanto contribuye a la realización humana y a la felicidad, lo que implicará poner de manifiesto los aspectos éticos y espirituales involucrados en ella. Es, sin dudas una cuestión de extraordinaria importancia, en cuanto la economía constituye en cierto modo la base sobre la que se levantan y construyen las otras dimensiones de la realización humana, a las que condiciona en sus respectivas posibilidades de desarrollo y perfección.

En este sentido podemos concebir la construcción de una economía personal y familiar como la creación de los fundamentos de una vida humana plena. No es que en ella se cumpla la plenitud ni la perfección humana, pero la economía bien organizada y fundamentada éticamente, facilita el desarrollo moral y espiritual de las personas. Es algo similar a lo que proponen las órdenes religiosas cuando postulan su institución material y normativa, sus prácticas y disciplinas 'exteriores', como la organización de los medios para realizar, más pronta y plenamente, el desarrollo de la perfección interior de los monjes. Pero, obviamente no pensamos aquí en función de una vida monacal sino de la vida personal y familiar más plena y feliz, integrada sanamente en la comunidad y la sociedad.

II. LA ECONOMÍA PERSONAL Y FAMILIAR COMO CONSTRUCCIÓN DE LAS BASES DE LA VIDA FELIZ

Planteado así el asunto estamos invitados a pensar la dimensión económica desde nosotros mismos, y mirando a nuestra propia realización. Ello implica un cambio de perspectiva respecto a lo que nos tienen acostumbrados los economistas y los que analizan y critican la economía, que parten siempre de la 'macroeconomía' o del 'sistema económico' considerado como un todo y abarcando el conjunto de la sociedad.

El problema que tienen esos enfoques 'macro' y 'sistémicos', es que nos llevan fácilmente a olvidar que la economía, en lo esencial, ha de estar al servicio del desarrollo y de la felicidad real y concreta de las personas. O sea, de la felicidad nuestra, de la de cada persona y de cada familia. Por eso la invitación a cambiar de mirada, y a ponernos, cada uno de nosotros, no como periféricos y dependientes respecto del amplio mundo de las realidades económicas de las que somos parte, sino como el centro de nuestras propias decisiones y actividades económicas.

La pregunta que nos planteamos es la siguiente: ¿cómo puedo, en mi actuar económico, alcanzar una mejor y más plena realización como persona humana, y en consecuencia, una mejor aproximación a la felicidad?

Alguien podría pensar que este enfoque que parte del individuo nos lleva al individualismo y al egoismo.

17

Veremos más adelante que no es así, sino exactamente al contrario. Mientras tanto, podemos corregir y reformular la teoría de la 'mano invisible', según la cual persiguiendo cada uno su propio interés, se realiza el bien de la colectividad. Esta idea proviene de la economía clásica, pero es una de las más criticadas por las corrientes económicas contemporáneas. La crítica que se ha hecho a la idea de la 'mano invisible' ha llevado a sostener un postulado contrario, esto es, que la única forma de encauzar la economía hacia el bien general de la sociedad es mediante una 'mano estatal', muy visible y fuerte, que regule y planifique la economía, obligando a los individuos y a las empresas particulares a que se enmarquen en políticas económicas organizadas desde arriba. Con ello, se delega la responsabilidad del bien común al Estado, y como consecuencia de ello los individuos tienden a liberarse de sus propios deberes éticos en sus actividades económicas, siendo el bien común algo que no está en sus manos realizar.

Esta consecuencia, si bien no querida o esperada, de la critica a la idea de la 'mano invisible' constituye un grave error y perjuicio, cuya superación implica reconocer que hay algo de verdad en aquella teoría de la 'mano invisible', que es necesario rescatar, para evitar el excesivo estatismo a que conduce su simple negación.

Casi todos los grandes errores teóricos contienen un núcleo de verdad, que se distorsiona al absolutizarse y/o al entenderse de modo restringido. En este caso, el núcleo de verdad de la 'mano invisible', lo que debemos rescatar de dicha concepción, es que buscando cada uno, no la maximización de su interés egoísta, pero sí su propia realización como ser humano integral, y su felicidad éticamente guiada, se está en condiciones de contribuir, y se contribuye de hecho, a la realización del bien común, o bien general de la sociedad.

Si todos nos comportáramos éticamente en nuestras propias actividades económicas, el bien común estaría asegurado: operaría la 'mano invisible'. Pero como no todos lo hacemos sino que en muchos predomina el afán de enriquecerse más allá de lo necesario para el propio desarrollo humano integral, se hace necesario el freno y la regulación estatal que venga a corrijir los excesos y obligar a los demasiado ávidos a mantenerse en los límites de lo que no dañe a la naturaleza, a los recursos disponibles, y a la sociedad.

De acuerdo con esto, el Estado o el órgano regulador que sea, será menos necesario mientras más los ciudadanos nos comportemos éticamente; y en cambio, la mano del estado pesará más fuertemente sobre cada uno de nosotros, en la medida y proporción de nuestro desorden ético y de la desmesura de nuestras pretensiones.

Es por todo lo anterior que, en nuestro análisis y búsqueda sobre la dimensión económica de la realización humana, debemos partir de la economía personal y familiar, que es la unidad básica sobre la cual se eleva y construye la economía solidaria, orientadas ambas por el objetivo de la plena realización de las personas y de las comunidades, y que mejor favorecen y construyen el bien común.

Conforme a lo anterior, nuestro punto de partida es la identificación del objetivo a lograr, cada uno, en la dimensión económica de la vida, y que podemos formular en los siguientes términos:

Construir las bases económicas de una vida feliz es la tarea y el desafío primordial de las personas y de las familias. No sólo en función de sí mismos, sino también en orden al bien común de la sociedad.

En la construcción de tal objetivo las personas y familias han de encontrar apoyos, recursos y oportunidades en la economía general de un país y del mundo, en el mercado y en las políticas públicas; pero la construcción misma de la economía personal y familiar orientada al propio desarrollo integral, no puede sino ser obra de cada persona y de cada familia.

Una persona o familia que no logre levantar las bases económicas que sustenten adecuadamente su vida personal y familiar, difícilmente podrá realizar plenamente las otras dimensiones de la existencia humana, a saber, una sana relación e inserción en la comunidad, un desarrollo significativo de la vida cultural e intelectual, y una buena aproximación a la vida espiritual.

Pero ¿en qué consiste y cómo se alcanza esa adecuada economía personal y familiar? No, por cierto, en hacerse de grandes riquezas ni en acumular mucho dinero y propiedades. En efecto, una acumulación excesiva de riqueza y de bienes materiales suele implicar una distorsión del verdadero sentido de la economía, que en vez de ponerse al servicio del desarrollo personal y social integral, se concentra excesivamente en la dimensión económica de la existencia, menospreciando y dificultando la buena y solidaria inserción en la comunidad, atrofiando los valores culturales e intelectuales, e inhibiendo el desarrollo de las virtudes morales y espirituales. Además, la concentración de grandes riquezas en pocas manos suele lograrse a costa del empobrecimiento y la infelicidad de otras personas, lo que viene a negar directamente el sentido ético de ese comportamiento económico.

De lo que se trata en la dimensión económica es, en lo esencial, construir las bases de sustentación de la vida personal y familiar de modo que, mediante el propio trabajo y disponiendo de la propiedad y/o del acceso a los indispensables recursos, alcancen las personas y familias la satisfacción de sus necesidades, les sea posible participar activamente en la comunidad de la que forman parte, y dispongan de los medios indispensables para su desarrollo cultural, intelectual y espiritual.

III. EL TRABAJO Y EL CONSUMO COMO CLAVES DE LA REALIZACIÓN PERSONAL EN LA DIMENSIÓN ECONÓMICA DE LA VIDA.

Identificado el objetivo y la meta a lograr, surge la interrogante sobre los medios o el camino que lo permitan y faciliten. Es lo que examinaremos a continuación.

Como en casi todas los aspectos de la realización humana, también para la vida económica es necesario desarrollar las capacidades, los hábitos y los comportamientos apropiados, los que debieran ser formados durante la infancia y la juventud de las personas, pero que es una tarea personal que se extiende a lo largo de la vida.

Tratándose de lo económico, dos son los aspectos más importantes que considerar: el trabajo y el consumo. Sobre ambos tenemos unos grados importantes de control personal, y podemos efectuar sobre ellos decisiones relevantes.

Por 'trabajo' entenderemos, en este análisis, todas las actividades humanas que contribuyen a producir bienes y servicios, o como dicen los economistas, a 'crear valor'. Incluye por lo tanto el trabajo manual y el intelectual, el trabajo de ejecución y el de organización y dirección, lo que hacen los obreros, los artesanos, los técnicos y profesionales, los gestores y organizadores de empresas. Se refiere - el trabajo - a la actividad realizada por la persona, en el marco de organizaciones económicas, que aporta a la producción de bienes y servicios y que genera ingresos monetarios.

Así entendido el trabajo, lo primero que se requiere es desarrollar la propia fuerza de trabajo, las propias capacidades laborales, que implica básicamente, calificarse mediante el dominio de un oficio o profesión, formar la disposición de la voluntad para ejecutar aplicada y eficazmente las actividades laborales, adquirir las competencias útiles para realizar un buen trabajo calificado, y/o para crear, administrar o gestionar una organización económica.

Dicho de otro modo, debemos ser capaces de generar honestamente los ingresos o las ganancias que sean necesarias y suficientes para adquirir los bienes y servicios indispensables para reproducir la vida personal y familiar a lo largo de la vida. Ser capaces, y hacerlo concretamente.

Pero aquí surgen interrogantes cruciales: ¿cuánto es el tiempo que debemos dedicar a trabajar? ¿Cuál es el criterio para establecer el monto de los ingresos con los cuáles acceder a los bienes y servicios que aseguren la mejor realización personal? Para responder esta pregunta es preciso examinar la otra gran dimensión de la economía personal y familiar, esto es, el consumo.

Por 'consumo' entenderemos el uso que hacemos de nuestros ingresos en la adquisición de los bienes y servicios que necesitamos, y la utilización efectiva de esos bienes y servicios en la satisfacción de nuestras necesidades, aspiraciones y deseos. Es en función del consumo que trabajamos, nos generamos ingresos y adquirimos los bienes y servicios; y es en el consumo que obtenemos aquella parte de la felicidad implicada en la satisfacción de nuestras necesidades y en el cumplimiento de nuestras aspiraciones y deseos.

Así entendido el consumo, es claro que nos servirá consumir todo lo indispensable para lograr la satisfacción de las necesidades, aspiraciones y deseos personales que nos signifiquen una buena y ética realización personal. En tal sentido, será importante la integralidad del consumo en cuanto a que en él se atiendan armónicamente las cuatro dimensiones de la existencia humana. En efecto, la vida social y comunitaria, la vida cultural e intelectual, y también la vida espiritual, requieren determinados bienes y servicios económicos para su despliegue. Y siendo estas dimensiones progresivas en cuanto a su relevancia para el desarrollo humano, será conveniente que las personas y las familias privilegien emplear sus ingresos en orden a proveerse de experiencias y aprendizajes más que a la adquisición y acumulación de cosas materiales. Una buena convivialidad familar y social, el desarrollo de mejores niveles de cultura, el aprendizaje de conocimientos y de aptitudes, la apreciación de las artes, y la vivencia de experiencias significativas de desarrollo espiritual, forman parte de los objetivos que a nivel personal, familiar y social deben privilegiarse por sobre la adquisión y acumulación de bienes materiales.

Y en cuanto a los volúmenes del consumo adecuado, tengamos en cuenta que análogamente a cómo un exceso de enriquecimiento resultado del trabajo y de la producción puede inhibir el desarrollo humano integral, también un exceso de consumo (lo que suele llamarse consumismo) nos desvía del equilibrio necesario para atender las otras dimensiones de la vida, y puede distanciarnos de una adecuada y armónica realización personal.

Entonces hay que preguntarse: ¿cuánto es el consumo requerido en orden a nuestra mejor y más plena realización humana? Y ¿podemos disponer de algún criterio que nos permita discernir lo que podríamos llamar 'el buen consumo'?

Buscando responder esta pregunta llegamos a conectarla con la anterior, referida al criterio para discernir el tiempo de trabajo conveniente y la magnitud de los ingresos que conviene generar para comprar los bienes y servicios que aseguren la mejor realización personal. Porque ambas cosas están relacionadas. En efecto, el tamaño potencial de nuestro consumo (esto es, el volumen y calidad de los bienes y servicios que podemos adquirir), depende de la magnitud de los ingresos que nos podemos generar mediante el trabajo que realicemos. A mayor cantidad de trabajo mayores ingresos, y mayores bienes y servicios que podremos adquirir y consumir. Pero la relación del trabajo y del consumo con nuestra felicidad y realización requiere un análisis más complejo, y es importante comprenderlo bien.

Trabajar es, sin duda, una satisfacción y un aspecto importante de nuestra realización personal, en cuanto los seres humanos necesitamos actividad, realizar obras, organizar, expresar nuestra creatividad. Pero trabajar más allá de cierta cantidad de tiempo durante el día, implica cansancio, pérdida de energía, desgaste e incluso agotamiento y estrés. Digamos que cierta proporción de tiempo de trabajo, por ejemplo, algunas horas diarias o semanales dedicadas a trabajar, nos resultan placenteras; pero a medida que aumenta la intensidad y la extensión del tiempo de trabajo, va aumentando el sacrificio y la insatisfacción que significa continuar trabajando. Por ello, normalmente queremos poner un límite al tiempo que dedicamos a la actividad laboral.

Algo similar ocurre con el consumo: éste resulta muy placentero al comienzo, en cuanto implica satisfacer las necesidades más importantes, o las que nos proporcionan mayor realización. Pero si continuamos consumiendo, cada nuevo bien o servicio consumido empieza a proporcionarnos menores satisfacciones, o sea, a medida que más consumimos va disminuyendo la satisfacción que obtenemos. Por ejemplo, comer con apetito es placentero; pero seguir comiendo después de sentirnos satisfechos, empieza a provocarnos disgusto. Consumir más allá de cierto límite, cualquiera sea el tipo de bienes o servicios de que se trate, puede ser penoso, inconveniente, e incluso llevarnos a experimentar severos problemas de salud física y psíquica.

De este modo, si relacionamos la cantidad del trabajo que realizamos para obtener ingresos, con la magnitud de la satisfacción que nos proporciona el consumo de los bienes y servicios que podemos adquirir con esos ingresos, podemos encontrar un punto de equilibrio, un punto óptimo, en que podemos detener ambas actividades económicas, el trabajo y el consumo. Ese punto de equilibrio queda determinado en el momento en que continuar trabajando nos reduce la satisfacción de hacerlo, al mismo tiempo que los ingresos que podríamos obtener aumentando el trabajo ya no nos proporcionan suficiente satisfacción, que compense el malestar de seguir trabajando.

Lo podemos representar esquemáticamente así:

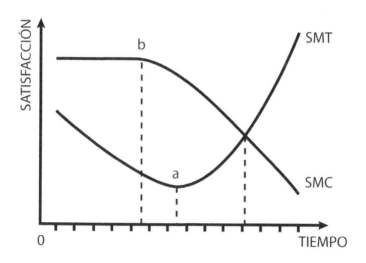

Siendo: SMT = satisfacción marginal del trabajo, que a partir del punto **a** va disminuyendo con cada unidad de tiempo en que se extiende la actividad. SMC = satisfacción marginal del consumo, que a partir del punto **b** va disminuyendo a medida que aumenta el consumo realizado. (Nótese que en el gráfico los valores de la ordenada de la satisfacción son inversos para ambas variables, representando Insatisfacción para el trabajo, y satisfacción para el consumo). PMF = punto de máxima satisfacción o felicidad, donde se cruzan la SMT y la SMC.

El punto en que se cruzan ambas curvas es el de máxima felicidad económica, en cuanto continuar trabajando nos genera una pérdida de satisfacción, no compensada por el menor aumento de la satisfacción que nos proporcionarían los ingresos y el consumo que pudieramos obtener extendiendo el tiempo o la intensidad del trabajo.

Por cierto, este 'balance' entre el trabajo y el consumo es subjetivo, en cuanto depende de las características de cada persona, del tipo de trabajo que se realiza, de las necesidades, aspiraciones y deseos que tenga cada uno. Y todo ello está fuertemente marcado por la ética personal. Por eso, la estimación del equilibrio económico entre las actividades que nos proporcionan crecimiento personal y satisfacción, o deterioro y malestar, ha de ser realizado por cada uno, lo cual puede ser todo un arte del buen vivir, y una expresión de la sabiduría personal.

Pero podemos avanzar en la comprensión de las condiciones objetivas y subjetivas que intervienen en este 'balance de la felicidad económica'. Examinemos en primer término lo referente al trabajo.

La mejor realización y felicidad personal parece requerir que el balance o punto de equilibrio entre el trabajo y el consumo se alcance con un tiempo reducido de trabajo dedicado a la obtención de ingresos. En efecto, el hecho de alcanzar el equilibrio en pocas hora de trabajo diario o semanal, junto con implicar una satisfacción económica lograda, permite a la persona que pueda destinar más tiempo y dedicación a realizar las otras tres dimensiones de la vida: la convivencia y sociabilidad, la cultura y el conocimiento, y el desarrollo moral y espiritual.

Lo anterior debe ser matizado, porque hay que considerar las características y cualidades del trabajo que realizamos. En efecto, hay actividades laborales que nos resultan muy satisfactorias. Son las que en la figura están representafas por el segmento descendente de la curva de SMT (hasta el punto **a**), y será conveniente que dicho segmento se extienda en el tiempo. Por otro lado, hay actividades laborales que contienen significativos componentes de realización cultural, de aprendizaje intelectual, de relacionamiento humano y convivencia enriquecedora, de servicio a la comunidad e incluso de desarrollo espiritual.

Considerando todo esto, a lo que tendremos que propender es a reducir al mínimo el tiempo de trabajo que nos resulta insatisfactorio, o que no contenga significativos componentes de realización personal, cultural o de beneficio social, o que impida dedicar el tiempo que se desea a otras actividades de mayor contenido ético o espiritual.

En el mismo sentido podemos propender a ampliar la satisfacción que nos proporciona el trabajo, de varios modos:

1. Buscando trabajar en aquellas labores que mejor correspondan a nuestra vocación, a nuestras cualidades y características, y a nuestras aspiraciones y gustos personales

2. Logrando que el trabajo que realizamos se corresponda adecuadamente al nivel de nuestros conocimientos, competencias y habilidades. Tenderemos a evitar asumir tareas y responsabilidades que excedan nuestras capacidades-

3. Esforzándonos en que el tipo de trabajo que realizamos tenga un mayor contenido cultural, intelectual y ético; que favorezca nuestra creatividad, que nos permita autonomía, que exprese valores morales, que sea útil a los demás.

4. Incrementando la produtividad de nuestro trabajo, esto es, que sea más eficiente, más productivo, capaz de generar mayor valor económico por unidad de tiempo trabajada.

Examinemos ahora lo referente al consumo, que también podemos optimizar en orden a perfeccionar el balance entre el trabajo y el consumo que favorezca la realización personal en el campo económico.

Partimos de la base que el consumo es necesario, y que nos proporciona importantes satisfacciones, goces y placeres que contribuyen a nuestra felicidad y realización personal. Sin embargo, como vimos, a medida que aumentamos la cantidad de bienes y servicios consumidos la satisfacción que obtenemos va disminuyendo. Por otro lado, sabemos que si nuestras necesidades de consumir bienes y servicios económicos son reducidas, será menor la exigencia que tendremos de generarnos ingresos monetarios, y en consecuencia también será menor la cantidad de tiempo que nos obligaremos a ocupar en actividades laborales insatisfactorias.

Consecuencia de ello es que nos conviene reducir el consumo que nos proporciona menor satisfacción. Son las cantidades de consumo que en la figura están representafas por el segmento descendente de la curva de SMC, a partir del punto **b**. Corresponden, en muchos casos, a tipos de consumo que no nos generan una efectiva realización personal. Tal reducción del consumo innecesario y poco satisfactorio lo podemos obtener:

1. Buscando simplificar nuestras necesidades económicas, teniendo en cuenta que actualmente son muchas las aspiraciones a consumir que nos son

inducidas por la publicidad, o por la envidia en relación a otras personas que ostentan consumo suntuario, o simplemente por un desorden moral que nos lleva a exacerbar la parte material de la existencia.

Pero también es posible expandir aquellos tipos de consumo que contribuyen más directamente a la realización humana (o sea desplazar a la derecha el punto *b* del gráfico). Esto se puede obtener;

2. Procurando que el consumo de los bienes y servicios económicos se conecte con las actividades que favorecen el desarrollo de las otras dimensiones de la vida humana, esto es, de la convivialidad, de la cultura y el conocimiento, y de la espiritualidad. Esto implica satisfacer las necesidades económicas mediante actividades de consumo que implican un mayor contenido cultural, de convivencia y de espiritualidad. Un ejemplo de esto consiste en cenar, o sea satisfacer la necesidad de alimentarnos, haciéndolo en familia o en comunidad, mientras se fraterniza, se comparten experiencias y conocimientos, se inicia y concluye la cena dándole un significado espiritual, etc.

De estos modos, asumiendo el control con criterios éticos y en la perspectiva de nuestra mejor realización personal, de las dos actividades principales que como personas nos proporcionan felicidad e insatisfacción en la vida económica, cuales son el trabajo y el consumo, logramos favorecer, y poner nuestra vida económica al servicio del desarrollo de las otras tres más importantes dimensiones de la vida humana: la dimensión comunitaria, social y política; la vida cultural e intelectual, y la vida espiritual. Pero hay otra dimensión del asunto que es importante considerar.

IV. LA ECONOMÍA PERSONAL Y FAMILIAR COMO FUNDAMENTO DE LA ECONOMÍA SOLIDARIA.

Me parece a mí que alcanzar en la vida el punto de equilibrio entre las propias capacidades de trabajo y las propias necesidades de consumo, constituye una obligación moral para toda persona adulta normal, no afectada por graves debilidades físicas o psicológicas. No ser capaz de desarrollar las propias capacidades de trabajo, en lo suficiente para generar los ingresos necesarios para satisfacer necesidades básicas, pone en evidencia, o bien una cierta desidia, pereza o descuido del esfuerzo indispensable para hacerse útil mediante el trabajo, o bien unas excesivas demandas y aspiraciones de consumo, más allá de las indispensables para vivir sana y dignamente.

Al contrario, lo que podemos considerar normal en una persona adulta que haya procedido en su vida económica con los mencionados criterios de desarrollo personal, es que genere con su trabajo éticamente organizado, más ingresos que los que necesita para satisfacer su consumo éticamente dispuesto. Esto le permite formar una base de 'reservas de valor', esto es, un cierto volumen de ahorro (que es conveniente conservar para atender futuras necesidades o prever

33

enfermedades, o realizar proyectos, etc.), o bien invertir productivamente de modo de generarse una renta que le reduzca las exigencias del trabajo directo, y poder por consiguiente dedicar más tiempo al desarrollo de las dimensiones superiores (desarrollo social, cultural, intelectual y espiritual) de la vida humana.

Ahora bien, como ya dejamos dicho, una excesiva acumulación de riqueza, más allá de lo necesario para atender las necesidades personales y familiares, considerando el indispensable ahorro para prevenir necesidades futuras que atender (educación de los hijos, eventuales enfermedades, etc.) o para realizar proyectos importantes, etc., constituye también una deformación moral. No es adecuado ni justo acumular más riquezas que las necesarias para una 'vida buena e integral', en el más amplio sentido de la expresión.

Es aquí, en la consideración de las dos situaciones mencionadas – la situación de las personas que no logran el 'punto de equilibrio' mediante el propio trabajo y consumo, y la situación de las personas que por su extraordinaria eficiencia laboral y su contenido consumo logran generar excedentes que sobrepasan lo necesario para su desarrollo personal –, que surge la economía solidaria, como camino especial y magnífico de realización y perfeccionamiento ético y espiritual de la vida económica personal y familiar.

Aquellas personas que por cualquier circunstancia no alcanzan por sí mismas el equilibrio dc una buena vida económica desarrollando sus capacidades de trabajo y organizando adecuadamente el consumo, pueden encontrar en la economía solidaria una vía regia para lograrlo. En efecto, asociándose con otras personas, mutiplicando su eficiencia mediante los efectos productivos del Factor C, organizando comunitariamente el consumo de modo de obtener mayores satisfacción de los bienes y recursos escasos disponibles, las personas logran – mediante la participación en iniciativas de producción y de consumo solidarias – alcanzar su realización personal en lo específicamente económico, con el plus de encontrar en esas mismas experiencias, significativas oportunidades de desarrollo comunitario, cultural, intelectual y espiritual.

Aquellas otras personas que por su mejor desarrollo económico personal y familiar logran generarse ingresos y acumular excedentes más allá de los convenientes para la 'vida buena e integral', podrán dedicar al desarrollo de la economía solidaria, al menos una parte de sus recursos excedentarios: aportando solidariamente a la formación de iniciativas de producción y de consumo de economía solidaria, o apoyando o aún mejor, organizando e invirtiendo en iniciativas culturales y educacionales, o de índole espiritual, que favorezcan el desarrollo humano integral no sólo de sí mismas, sino de la comunidad de la que forman parte, y de la sociedad en general.

En ambas situaciones - la de quienes no alcanzan por sí mismos el umbral de equilibrio entre el trabajo y el consumo que les garantice una vida sana y digna, y la de quienes lo soprepasan en exceso generándoles riquezas que no les sirven realmente y que incluso les desvían de la correcta atención de las otras dimensiones de la vida humana - encontramos que la economía solidaria les ofrece las oportunidades y la ocasión perfecta para complementar su economía personal y familiar de modo que mejor favorezcan el desarrollo humano integral.

Pero no se trata de entender la economía solidaria sólo como un perfecto complemento de la economía personal y familiar, pues la manera óptima de organizar éticamente la economía personal y familiar, es aquella en que la misma economía personal y familiar se desenvuelve al interior de la economía solidaria. En efecto, cuando el trabajo se ejerce en empresas u organizaciones de economía solidaria, y el consumo se desenvuelve con los criterios que son propios de esta economía, el equilibro entre ambas actividades se tiende a establecer a nivel 'estructural', esto es, en la misma unidad económica, por la propia racionalidad de la economía solidaria, cuya eficiencia es mayor mientras más establezca dicho equilibrio en su organización interna.

Así, la racionalidad especial de la economía solidaria tiende por sí misma a lograr en sus participantes aquél equilibrio entre trabajo y consumo que crea las condiciones de su realización y felicidad. Y además, en las organizaciones de la economía solidaria se tiende a asociar de manera espontánea o natural, la actividad económica con el desarrollo de las otras dimensiones de la existencia humana: la vida comunitaria, social y política, la vida cultural e intelectual, y la vida espiritual.

II.

LA ECONOMÍA DE SOLIDARIDAD*

Ante todo, agradezco a los organizadores de este Congreso de Economistas Javerianos por la gentil invitación y por la oportunidad que me han concedido de exponer ante ustedes respecto al tema de la economía de la solidaridad, en torno al cual vengo trabajando desde hace ya once años. Aprecio especialmente esta invitación pues no tengo títulos académicos en economía, y especialmente que ustedes –conocedores de que importantes contribuciones a vuestra ciencia han sido generadas fuera del ámbito de la disciplina y especialmente por filósofos- aceptaran con benevolencia esta incursión no exenta de irreverencia en los dominios de vuestro saber especializado.

Séame permitido recordar que, en todo caso, la ciencia económica no es una disciplina autónoma que tenga en sí misma todos los elementos indispensables para su

- - - - - - - - - - - -

* *(Conferencia Inaugural del IV CONGRESO DE ECONOMISTAS JAVERIANOS, Bogotá, Colombia, Octubre de 1989).*

constitución y desarrollo, sino que encuentra en otras ramas del saber bases y fundamentos necesarios para su formulación. Así, en cuanto indaga en torno a la racionalidad y se interroga por las necesidades y el bienestar del hombre, hunde sus raíces en la filosofía; en cuanto es un saber que se refiere a las opciones y alternativas que enfrentan los individuos, grupos y sociedades, a los cuales aporta también indicaciones normativas, convoca y recurre a la ética y la axiología; en cuanto estudia el comportamiento de los hombres, requiere fundarse en la antropología y la psicología social; en cuanto los fenómenos y procesos que investiga tienen un carácter socialmente inherente, supone conocimientos que son proporcionados por la historia, la sociología y la ciencia política.

Para el tema que debo enfocar resulta particularmente oportuno recordar estos nexos que vinculan la ciencia económica a las otras ramas del conocimiento y del saber.

Asumir como tema de esta conferencia "la economía de solidaridad" me plantea un problema. Es el problema que se le presenta a cualquier persona que ha estudiado durante mucho tiempo un tema, cuando se le pide que exponga durante una hora sobre ese tema en general. Las opciones que tiene son, o limitarse a una presentación introductoria, a una suerte de motivación para un estudio más profundo del tema, o intentar una presentación esquemática y muy general de los resultados de la propia investigación. En ambos casos el tema permanece apenas mostrado, y el riesgo de una simplificación y empobrecimiento del asunto es evidente.

No habiendo más alternativa que moverse en alguna combinación entre ambas opciones, quisiera en esta ocasión referirme a las situaciones y motivos que hacen hoy necesaria la solidaridad económica, o más precisamente, que plantean la exigencia de introducir la solidaridad en la economía, y luego desarrollar algunos conceptos básicos que nos ayuden a comprender qué podemos entender como economía de solidaridad.

He dicho "introducir la solidaridad en la economía" con muy precisa intención. Estamos habituados a pensar la relación entre la economía y la solidaridad de otra manera. Se nos ha dicho muchas veces que debemos solidarizar, por ejemplo, con los pobres, como un modo de paliar algunos defectos de la economía, o de resolver ciertas situaciones sociales y humanas que la economía no ha podido superar. Esto es suponer que la solidaridad debe hacerse después de que la economía ha cumplido su tarea y completado su ciclo. Primero estaría el tiempo de la economía, en el que los bienes y servicios son producidos y distribuidos. Una vez efectuada la producción y distribución, sería el momento de la solidaridad, para compartir y ayudar a los que resultaron desfavorecidos o que están más necesitados. La solidaridad empezaría cuando la economía haya terminado su tarea y función específica.

Lo que sostengo y quisiera aquí fundamentar es distinto a eso, a saber, que la solidaridad se introduzca en la economía misma, y que opere en las diversas fases del proceso económico, o sea en la producción, en la distribución, en el consumo y la acumulación. Y que así como la solidaridad debe hacerse presente en la práctica de los procesos económicos, se introduzca y aparezca también en la teoría económica, superando una ausencia muy notoria de este valor en una disciplina que nos habla habitualmente de valores humanos y sociales como los de la libertad, justicia y eficiencia, pero en la cual la solidaridad pareciera no encajar espontáneamente.

Mi investigación sobre lo que he llamado "economía de solidaridad" ha estado motivada y se ha originado en cinco situaciones, de distinto nivel y sentido, que convergen en indicar una precisa dirección a esta búsqueda y aventura intelectual. Esas mismas cinco situaciones son las que nos indican la conveniencia y oportunidad, e incluso la necesidad, de incorporar la solidaridad en la teoría y en la práctica de la economía.

La primera situación a la que aludo es la pobreza, que en los últimos quince años en América Latina se ha incrementado y se ha transformado. Por un lado ha crecido notoriamente la cantidad de personas, familias y grupos sociales que no alcanzan una adecuada satisfacción de sus necesidades esenciales. Se manifiesta en el incremento de la desocupación y la subocupación, el subconsumo y la desnutrición. Ha crecido la distancia que separa a los ricos y a los pobres.

Por otro lado, se ha verificado una transformación en la realidad de la pobreza. El mundo de los pobres y marginados consistía antes en aquella parte de la población que no se había aún integrado a la vida moderna y que aspiraba a ello sin lograrlo debido a que las infraestructuras urbanas, productivas, y de servicios (educación, salud, etc.) no crecían lo suficientemente rápido como para absorber la masa social urbana que aumentaba rápidamente por causas demográficas, migraciones del campo a la ciudad, etc. Era una pobreza que podemos llamar "residual", que se aglomeraba en las poblaciones periféricas y que esperaba y demandaba, exigía y presionaba para ser integrada, esperándose lograrlo mediante la acción combinada del sector privado y del Estado.

Hoy el mundo de los pobres es mucho mayor porque se ha visto engrosado por una masa de personas que habiendo anteriormente alcanzado algún grado de participación en el mundo laboral y en el consumo y la vida moderna, ha experimentado luego procesos de exclusión (cesantía, pérdida de beneficios sociales, etc.) como consecuencia de que tanto el sector privado y de mercado como el sector público han manifestado prematuros signos de agotamiento de sus capacidades para continuar absorbiendo fuerzas de trabajo y necesidades sociales de consumo. En vez de seguir absorbiendo han comenzado a expeler a una parte de quienes habían sido en algún momento incorporados.

Esta masa social de personas que han sido excluidas después de haber experimentado algún nivel de participación e integración, ha modificado la conformación cultural, social y económica del mundo pobre y marginal, porque quienes han participado aunque sea precariamente en la organización moderna, han desarrollado capacidades de trabajo, aptitudes de organización que no tenían quienes habían permanecido siempre marginados. El mundo de la pobreza ha crecido, pero se ha enriquecido de capacidades y competencias técnicas y de organización, las que no han permanecido inactivas por el hecho de que las empresas y el Estado no las ocupen.

Se viene verificando, así, el surgimiento de una ingente cantidad y variedad de actividades y organizaciones económicas populares, a través de las cuales, en los diferentes países latinoamericanos, numerosos sectores populares –marginados de los dos grandes sistemas en los cuales las personas pueden habitualmente aportar a la producción social y participar de los bienes y servicios necesarios para vivir, esto es, del mercado de intercambios y de las asignaciones y servicios públicos– han desplegado iniciativas personales, familiares, asociativas y comunitarias, generando una increíblemente variada y rica economía popular.

Es el fenómeno conocido con varios términos: "economía informal", "economía invisible" y otros que igualmente desechamos por no referirse al sujeto sustancial que lo constituye pues lo identifican más bien negativamente, por lo que no es (in-formal, in-visible) en vez de hacerlo por lo que es. Lo cierto, en todo caso, es el hecho que a través de una multitud de formas económicas distintas, entre un 20% y un 60% de la población según los países, sobreviven, subsisten y se desarrollan a través de este multiplicarse de actitudes y organizaciones económicas. Es el pueblo pobre y marginado que se ha activado económicamente y que espera satisfacer sus necesidades y abrirse caminos en la vida no sólo mediante la oferta pasiva de sus fuerzas de trabajo en el mercado, o mediante la pura reivindicación de sus derechos ante el Estado y los organismos públicos, sino basándose en sus propias fuerzas y recursos, y a menudo asociándose y organizándose grupal y comunitariamente.

Pero ¿por qué esta economía popular ha requerido de una especial investigación no sólo empírica sino de teoría económica, orientándonos en la perspectiva de lo que denominamos economía de solidaridad? Simplemente, porque los modos de hacer economía que surgen del pueblo, espontáneamente o por inducción de agentes externos que los apoyan, no corresponden a aquellas formas del comportamiento teorizadas por las teorías económicas convencionales; de modo que los instrumentos teóricos y analíticos dados no resultan apropiados para comprender esas modalidades microeconómicas cuya expansión permite ya hablar de que un verdadero sector económico nuevo se está asentando, al lado de los sectores privado y público.

No queremos afirmar con esto que toda la economía popular manifieste las características propias de una economía solidaria, pero sí que una parte de ellas las tiene. Esto, en cuanto lo que podemos considerar como un modo de ser característico de una parte del mundo de los pobres, se expresa en comportamientos que no corresponden a los del homo economicus supuesto por las teorías neoclásicas, sino en otros que expresan una cultura popular mejor predispuesta a encontrar en el entorno social más próximo los medios necesarios para vivir. Así, junto a iniciativas individuales que no difieren de las predominantes en el capitalismo, y al lado de otras que se despliegan en términos ilegales e incluso delictuales, forman también parte de la economía popular en Latinoamérica, experiencias económicas comunitarias que reconstituyen fragmentariamente modos de producción y distribución tradicionales, empresas asociativas que buscan operar asumiendo formas cooperativas y autogestionarias, otros tipos de organizaciones económicas populares, microempresas y pequeños talleres y negocios de carácter familiar o de dos o tres socios, que ponen en acción energías y capacidades económicas no convencionales.

Una segunda situación que indica la necesidad de introducir más solidaridad en la economía, y que ha motivado esta búsqueda teórica en torno a la economía de solidaridad, es la percepción –que hoy se impone con la fuerza de la evidencia- del fracaso definitivo de los intentos históricos de superación del capitalismo por la vía de las transformaciones estructurales que llevaron al establecimiento de modelos económicos estatales y regulados por mecanismos centralizadores de planificación económica. Junto a dicho fracaso –que es

46

práctico y teórico a la vez-, asistimos a una reafirmación del capitalismo a través de expresiones neoliberales bastante radicalizadas, que nos muestran que este sistema económico no sólo se mantiene sino que es capaz de proporcionar incrementos considerables de la producción de bienes materiales y de reivindicar por ello eficiencia; pero no resuelve los graves problemas de la extrema pobreza, de la marginación y exclusión de sectores y categorías sociales numerosas y crecientes, y que lejos de encaminarnos hacia una real superación de la crisis de sociedad que nos afecta, parece llevarnos hacia una aún más profunda crisis de civilización.

Sin que los límites del tiempo nos permitan fundamentar cabalmente estas afirmaciones, lo cierto es que una cada vez más compartida convicción en tal sentido indica la oportunidad, conveniencia y aún la necesidad de continuar buscando caminos económicos alternativos tanto al capitalismo como al socialismo. Si ello ha dado lugar, por parte de grupos de trabajadores, de profesionales, de jóvenes y de mujeres, a experiencias interesantísimas que van abriendo un camino y que señalan una dirección a la búsqueda, y si tales experiencias encuentran y establecen interesantes nexos con el fenómeno mencionado de la economía popular, resulta también importante desplegar la búsqueda en el plano específicamente teórico, vinculado ciertamente a esas experiencias y a esos procesos prácticos.

Porque el puro esfuerzo práctico y organizativo no acompañado de la indispensable elaboración teórica que otorga coherencia, orientación y potenciamiento a las experiencias, probablemente lo haría permanecer en un plano subordinado. Es el trabajo teórico y científico el que puede conducir los movimientos y procesos prácticos a la verdadera autonomía, guiándolos a niveles de realización más eficientes y amplios, potenciándolos en sí mismos, legitimándolos socialmente, levándolos a un nivel superior de coherencia, proporcionándoles el indispensable fundamento conceptual.

Relacionada con las anteriores, la tercera situación que nos impulsa hacia la elaboración práctica y teórica de la economía de la solidaridad es la que afecta a los movimientos cooperativo y autogestionario tradicionales. Ambos movimientos han constituido por muchas décadas los principales procesos de construcción de formas económicas alternativas, humanistas y éticamente superiores, y probablemente seguirán siéndolo. Es cierto que estos movimientos se han extendido por todas las ramas de la economía y por todos los países del mundo. Pero el Cooperativismo y la autogestión han manifestado límites y crisis en su crecimiento, y no han llegado a imponerse como sujetos históricos autónomos dotados de efectiva capacidad de dirección de los cambios económicos y del desarrollo. Aunque no han dejado de gozar de un muy elevado consenso moral, y si bien se han expandido constituyéndose como una realidad significativa en el mundo y en especial en ciertos países, hemos de reconocer que se mantienen en un plano subordinado respecto de las grandes tendencias de la economía.

Es pertinente interrogarse, entonces, cuáles sean las potencialidades que subsisten para que el Cooperativismo y la autogestión desarrollen fuerzas propias de respuesta a la crisis económico-social contemporánea y de transformación económico-política. Ello requiere profundizar las causas que explican el desarrollo parcial y los problemas encontrados en su expansión. Y plantea la necesidad de indagar más a fondo, y más allá de las orientaciones más doctrinarias que científicas que hasta ahora han predominado en el seno de los movimientos cooperativos y autogestionarios, sí acaso es posible el desarrollo de nuevas formas económicas alternativas que, manteniendo los principios y valores que hacen del Cooperativismo y de la autogestión procesos que valen por sí mismos, resulten más eficientes para operar en el mercado y en las economías actuales.

La cuarta situación que induce a la búsqueda de una economía de solidaridad es la percepción de que en América Latina no terminamos de enrielar por una vía de desarrollo eficaz. Junto con aumentar la brecha entre las economías más industrializadas y las nuestras, se expande y agudiza la pobreza de muchos. Que sea necesaria una estrategia alternativa de desarrollo resulta evidente dado el fracaso de las estrategias conocidas y aplicadas; pero además, es cada día más clara la necesidad de que lo alternativo no sea sólo la estrategia, sino también el desarrollo perseguido. Ello, por un lado, porque la pobreza en que se mantienen multitudes crecientes no alude sólo a una insuficiente integración a un proceso dinámico, sino a la incapacidad estructural de la economía tal como se encuentra organizada, para absorber las capacidades de trabajo y las necesidades de consumo de esa población marginalizada. Por otro lado, debido a que aquel segmento de nuestras economías que ha logrado crecer y modernizarse manifiesta perfiles de notable unilateralidad, de modo que quienes tienen acceso a sus beneficios materiales no encuentran sin embargo oportunidades reales de satisfacer otras necesidades y aspiraciones superiores de la persona y de la comunidad, permaneciendo en la pobreza y el subdesarrollo respecto a necesidades culturales, relacionales y espirituales cuya satisfacción requeriría otra organización de la economía.

La demanda de un desarrollo alternativo, que ofrezca respuestas a ambas formas de la pobreza, es otra fuerza que orienta hacia la solidaridad en la economía.

La última –pero no menos importante- de las motivaciones que nos llevan a buscar teórica y prácticamente en la perspectiva de la economía de solidaridad es una preocupación específicamente cristiana. El campo de las actividades y estructuras económicas es un ámbito donde se ponen en juego y a prueba los principales valores y principios del cristianismo. Y el panorama que presenta la economía en nuestra región latinoamericana, como también en las otras regiones del mundo, enfocado desde la óptica de dichos valores y principios resulta altamente insatisfactorio. Por un lado, la ingente pobreza extrema que afecta a multitudes; por otro, el individualismo y la búsqueda apasionada de la riqueza material; en fin, el sometimiento de los hombres a estructuras, leyes y planes supuestamente objetivos. Todo ello hace pensar que es quizás en la economía donde podemos observar los mayores distanciamientos en el comportamiento práctico y en las formas de pensar y de sentir, respecto a los criterios del evangelio.

Frente a esta realidad, reiteradamente enfatizada por la Iglesia en todos sus documentos magisteriales, se hace indispensable la búsqueda de formas nuevas de hacer economía y de pensar la economía. Ello puede formar parte del esfuerzo por desplegar, coincidiendo con los 500 años de evangelización en América Latina, una más profunda evangelización de la cultura, que implica también evangelizar la economía y la política.

Un estímulo muy directo y específico a persistir en la dirección de nuestra búsqueda nos vino de S.S. Juan Pablo II hace dos años, cuando en la sede de la CEPAL y enfocando directamente nuestra realidad económica latinoamericana, instó a "construir en la región una economía de la solidaridad", añadiendo que "en esa economía solidaria ciframos todas nuestras mejores esperanzas para la región".

Al enunciar estas cinco principales situaciones que motivan la búsqueda de una economía de solidaridad estamos ya indicando cuales son sus contenidos más relevantes. En efecto, encontramos que forman parte de ella numerosas experiencias de economía popular a través de las cuales los pobres despliegan actividades y construyen organizaciones económicas para subsistir y alcanzar la satisfacción de sus necesidades. También son parte de la economía solidaria muchas experiencias alternativas mediante las cuales diversos grupos conscientes de la magnitud de la crisis contemporánea buscan caminos y formas nuevas de vivir. Lo son también las expresiones más tradicionales del cooperativismo y la autogestión, así como sus búsquedas de renovación en vistas de alcanzar niveles de eficiencia superiores conforme a los conocimientos dinámicos del mercado y de las tecnologías. Se vinculan internamente al mismo proceso las experiencias que se orientan hacia un nuevo desarrollo, con énfasis en lo local, en el aprovechamiento de recursos no convencionales, y que buscan la integralidad y el autosostenimiento. Y son parte de la economía solidaria, que proporcionan a todas esas experiencias y procesos una especial profundidad espiritual, todos aquellos esfuerzos orientados a crear y difundir formas nuevas de trabajo, de distribución y de consumo en un ambiente de comunidad y servicio, en que se expresa la aspiración de muchos cristianos a una más elevada consecuencia práctica con las enseñanzas evangélicas.

Pero más allá de esta indicación empírica de las variadas experiencias en las que reconocemos economía solidaria, es preciso hacer riguroso el concepto que expresa su naturaleza constitutiva y distintiva. Para ello hemos efectuado una amplia gama de investigaciones microeconómicas tendientes a comprender la lógica económica con que operan los diversos tipos de organizaciones económicas populares, cooperativas y empresas alternativas basadas en el trabajo o en la comunidad. Sobre la base de dichas investigaciones microeconómicas llegamos a identificar la economía de solidaridad como un modo especial de hacer economía que presenta un conjunto de características propias y de elementos peculiares que implican el despliegue de una racionalidad económica especial, distinta de la que se manifiesta en las formas económicas capitalistas y estatistas predominantes.

Así, concebimos la economía de solidaridad como una formulación teórica de nivel científico, elaborada a partir de experiencias prácticas que más allá de sus diferencias comparten diversos rasgos constitutivos esenciales de solidaridad, mutualismo, cooperación y autogestión, por los trabajadores o la comunidad. Se trata de un modo de hacer economía que implica comportamientos, relaciones y estructuras especiales tanto en el plano de la producción como en los de la distribución, el consumo y la acumulación.

Muy sintética y esquemáticamente identificamos esta racionalidad económica por los siguientes elementos:

A. En la producción

Específicamente en la organización interna y en el funcionamiento de las unidades económicas que operan con la racionalidad solidaria, se hacen presente dos características distintivas, a saber:

a) La presencia de un factor económico especial que hemos identificado como Factor C (comunidad) y que se agrega a los factores convencionales K (capital) y L (trabajo). Es la presencia de elementos comunitarios y de valores solidarios especiales que se expresan de diferentes formas: cooperación en el trabajo, uso compartido de conocimientos e informaciones, adopción participativa de las decisiones, integración social de los diferentes grupos funcionales, actividades de convivencia y participación, repartición justa y solidaria de los beneficios, etc. El Factor C consiste en el hecho de que estos elementos comunitarios, de acción y gestión conjunta, cooperativa y solidaria, presentes al interior de estas unidades económicas, tiene efectos positivos tangibles, tales que se logra, o una reducción de los costos o unos beneficios adicionales que se suman a los resultados de la operación económica. En otras palabras, el Factor C significa que la formación de un grupo, asociación o comunidad, o la presencia de nexos integradores y de valores solidarios en las empresas, proporciona un conjunto de beneficios a cada integrante y un mejor rendimiento y eficiencia a la unidad económica como un todo, debido a una serie de economías de escala, economías de asociación y externalidades positivas.

b) La centralidad del trabajo, que se manifiesta en la preeminencia de la comunidad o grupo de trabajadores sobre el capital y demás factores materiales de producción. El trabajo y/o la comunidad se constituyen como la categoría organizadora de estas unidades económicas, poniendo los objetivos generales de la empresa y recayendo sobre ellos los beneficios obtenidos (después de haber remunerado o recompensado en forma justa las aportaciones de los demás factores económicos).

B. En la distribución

Esto es, en el conjunto de los flujos económicos implicados en las aportaciones de recursos y factores utilizados, en la colocación de los bienes y servicios producidos, y en la repartición de los excedentes generados, la racionalidad de la economía de solidaridad se caracteriza por:

a) En todas las operaciones reguladas conforme a relaciones de intercambio, buscar el establecimiento de precios justos, no distorsionados por elementos de poder o de dominación, y tales que los valores, bienes o servicios que las partes se intercambian sean equivalentes, de modo que ambas se beneficien por igual.

b) En todas las operaciones reguladas conforme a relaciones de tributación y asignaciones jerárquicas, como el pago de impuestos y la recepción de subsidios públicos entre otros, operan con plena corrección atendiendo a las exigencias superiores del bien común y de la verdad, y cuidando al mismo tiempo que las propias actividades no produzcan externalidades negativas que dañen la salud pública, el medio ambiente, el patrimonio cultural y los derechos de terceros.

c) En general en las operaciones que regulan la aportación y remuneración de factores, el abastecimiento y colocación de productos, la repartición de excedentes, etc., buscan perfeccionar los resultados alcanzados en los intercambios, asignaciones jerárquicas y tributaciones, mediante el establecimiento de nuevos flujos y relaciones generadores de integración social y solidaridad, a saber: donaciones (transferencias unidireccionales de un donante a uno o más beneficiarios); reciprocidad (transferencias bi-direccionales entre sujetos ligados por lazos de amistad y confianza); comensalidad (transferencias pluri-direccionales entre sujetos que constituyen un grupo humano integrado por vínculos familiares, religiosos, sociales, culturales, etc., entre los cuales los bienes fluyen libremente en términos de un compartir, distribuir y utilizar en función de necesidades individuales y comunitarias); y cooperación (transferencia bi y pluri-direccionales entre los sujetos asociados, entre los cuales los bienes fluyen dependiendo de los resultados obtenidos en común y en proporción –a prorrata- de los aportes efectuados por cada uno).

C. En el consumo

La racionalidad especial de la economía de solidaridad se caracteriza por:

a) Utilizar preferentemente recursos y factores locales o próximos, o provenientes del propio sector solidario, favoreciendo en lo posible a los más pobres y a las unidades económicas pequeñas, antes que abastecerse de factores provenientes de economías más grandes, ricas y distantes. Y al mismo tiempo, producir preferentemente para la propia localidad, buscando en lo posible orientar la producción para satisfacer las necesidades básicas y superiores de la propia comunidad y favoreciendo a los más pobres. Esto no impide utilizar recursos provenientes de otros sectores o del exterior, como tampoco producir para el mercado en general y la exportación, especialmente cuando no hay suficientes disponibilidades y demandas en los mercados más próximos. Lo que indicamos aquí es una preferencia por lo pequeño y lo local (que se manifiesta como círculos concéntricos), en orden a favorecer a los más pobres.

b) Preferir el consumo familiar y comunitario sobre el consumo individual y el consumo masificado, esto es, compartir los bienes y servicios, utilizándolos en común y comunitariamente, allí donde es posible y efectivamente favorable para una mejor satisfacción de las necesidades y deseos tanto propios como de la comunidad.

c) Tender a la integralidad en la satisfacción de necesidades de distinto tipo, tanto en cuanto se intenta aprovechar de manera completa los bienes disponibles minimizando los desperdicios, como en cuanto se busca la satisfacción integrada de necesidades fisiológicas, culturales, relacionales y espirituales, respetando su jerarquización natural.

d) Tender a la naturalidad y simplicidad en el consumo, alejándose tanto de la sofisticación consumista como de la estandarización y homogenización masificadora. Aquí se busca una superior calidad de vida mediante un consumo relativamente simple, armónico y natural, donde se respetan las diferencias individuales pero donde se atiende equilibradamente a las necesidades y deseos de todos. El consumo en solidaridad supone a menudo decisiones de nivel familiar y comunitario que inhiben la exacerbación de las particularidades individuales en los gustos de cada uno y promueven simultáneamente un enriquecimiento recíproco mediante el intercambio de informaciones y experiencias. Como consecuencia de ésta y de las demás características anotadas, la economía solidaria se distingue por cierta moderación en el consumo, buscando perfeccionarlo por la vía de elevar la calidad de los bienes y servicios consumidos, del modo en que se utilizan, y de las necesidades y deseos que se quiere satisfacer.

D. En el proceso de acumulación

Entendido como el conjunto de actividades económicas tendientes a asegurar el futuro mediante el crecimiento y reproducción ampliada de las actividades económicas, la racionalidad propia de la economía de solidaridad se caracteriza por buscarlo principalmente en términos de desarrollo y potenciamiento de las propias capacidades y a través del logro de una cada vez mayor riqueza de relaciones comunitarias. Así se va alcanzando una creciente capacidad de reproducción ampliada y se garantiza el futuro, a diferencia de los sectores de economía capitalista y estatista que aspiran a esos objetivos mediante el creciente acopio y concentración de riquezas materiales y de poder.

Estos distintos aspectos de la producción, distribución, consumo y acumulación en la economía de solidaridad deben ser entendidos como la expresión teórica de comportamientos tendenciales, y no como descripción de lo que efectivamente sucede en la realidad. Las teorías sociales y económicas identifican "modelos puros", que en la realidad empírica no encuentran cabal materialización, pero que existen y operan efectivamente en cuanto potencialidades parcialmente realizadas, como racionalidades que presiden y orientan los comportamientos, como tendencias que apuntan a identidades en formación. Valga esta advertencia para evitar malentendidos. Entre lo "que es" y "lo que debe ser", la formulación de una racionalidad identifica las potencialidades no plenamente actualizadas pero ya presentes en alguna medida en la realidad. Por lo demás, cierta inevitable simplificación resulta del haber resumido escuetamente una racionalidad que es a la vez simple y compleja.

El estudio científico y el análisis económico de las diferentes formas de organizaciones económicas populares, cooperativas y solidarias han evidenciado:

a) Que las experiencias económicas surgidas del pueblo para hacer frente a sus necesidades son portadoras de esta racionalidad económica solidaria de una manera que podemos considerar germinal o embrionaria, en el sentido de que no han desplegado aún todas sus dimensiones y aspectos.

b) Que las formas de hacer economía inherentes a esas experiencias son perfectamente viables no sólo al nivel de subsistencia sino en una perspectiva de crecimiento y desarrollo, y que contienen potencialidades que trascienden en mucho las que han sido hasta ahora sus manifestaciones prácticas.

c) Que dichas posibilidades de viabilidad y desarrollo se acrecientan en la medida que las unidades económicas solidarias y sus integrantes se organicen y actúen más coherentemente conforme a la racionalidad económica alternativa de que son portadoras en ciernes.

Con base en el desarrollo de la economía popular y de la expansión de una más coherente racionalidad económica solidaria, postulamos que también es posible una profunda renovación de las formas y prácticas del cooperativismo y la autogestión, que así podrán acceder a superiores y más autónomos niveles de desarrollo y de fuerza transformadora.

Por otra parte, una consideración a profundidad de los problemas y desafíos reales y actuales al nivel nacional y latinoamericano permite comprender que la expansión y el desarrollo de la economía de solidaridad (hasta llegar a configurar un verdadero sector económico complementario de los sectores público y privado), constituiría una contribución inestimable a la solución de gravísimos aspectos de la crisis económica, política y cultural de nuestras sociedades.

Significaría un aporte real y decisivo a la superación de la pobreza y marginación social de grandes sectores, al mismo tiempo que sería parte de un proceso de desarrollo alternativo y de un nuevo sistema de acción transformadora, cuya necesidad es manifiesta en consideración de la crisis que afecta tanto a los modelos de desarrollo como a los modos de la acción transformadora que han prevalecido durante décadas y cuyo agotamiento es patente.

Con relación al desarrollo, la economía de solidaridad busca contribuir directamente a la superación de los dos aspectos críticos del subdesarrollo existente. Frente a la unilateralidad que se traduce en desarrollo subjetivo, relacional y cultural, es ella una respuesta potente en cuanto su propia y peculiar racionalidad lleva a la integralidad en organizaciones que son a la vez económicas, culturales, sociales, e incluso a veces políticas y espirituales, al tiempo que tales organizaciones muestran tener ventajas comparativas para la creación de satisfactores de las necesidades de afecto, participación, convivencia y desarrollo cultural.

A su vez, frente a la marginalidad y la pobreza, la economía de solidaridad muestra ser especialmente apta para aprovechar recursos humanos, tecnológicos, materiales y otros no convencionales, que permanecen inactivos. Las organizaciones solidarias ponen en actividad capacidades creativas, organizativas y de gestión que se encuentran socialmente diseminadas y que no han sido nunca económicamente aprovechadas: el surgimiento de una "empresarialidad popular" de nuevo tipo, puede ser un aporte sustancial al desarrollo, entendiendo que es el factor empresarial uno de los más escasos y decisivos.

En cierto modo podemos identificar el desarrollo alternativo con el desarrollo de la economía popular de solidaridad y trabajo. En efecto, el desarrollo alternativo es el desarrollo de los menos desarrollados y de los que en nuestras sociedades no se han desarrollado, que es lo que precisamente intenta lograr la economía de solidaridad: contribuir a la satisfacción de las necesidades integrales de las personas y comunidades mediante el potenciamiento de sus propias capacidades para satisfacerlas.

Sólo algunas palabras más, para referirme a los desafíos que la emergente economía de solidaridad plantea a la ciencia de la economía y a sus exponentes.

Ustedes saben que en las diferentes teorías económicas existentes escaso espacio se ha dado a la cooperación y la comunidad. La gravitación que el fenómeno está llamado a alcanzar plantea entonces la exigencia de llenar el vacío. Pero no se trata de efectuar solamente una aplicación de los conceptos, fórmulas y modelos que han sido formulados a partir de realidades económicas tan distintas a las que aquí nos interesan, pues con ello avanzaríamos demasiado poco y el riesgo del error sería alto. Debemos asumir que estamos realmente en presencia de una distinta racionalidad económica, cuya comprensión exige nuevos conceptos y nueva teoría económica.

De su investigación emerge no sólo una nueva teoría económica especial sino, más ampliamente, la posibilidad de una profunda renovación de la teoría económica general, que podrá reconocerse efectivamente como general una vez que esté en condiciones de comprender el creciente pluralismo microeconómico así como la interrelación dinámica entre los sectores –privado, público y solidario- de la economía.

Por todo lo anterior, mi exposición sobre la economía de solidaridad termina con una invitación muy especial a los distinguidos exponentes de la disciplina reunidos en este Congreso, a incorporarse a esta aventura de construir una economía más solidaria, y a contribuir con nuevas elaboraciones y análisis a la comprensión y orientación de este emergente nuevo modo de hacer economía, que nos desafía teórica y prácticamente.

III.
EL CONCEPTO 'SOLIDARIDAD'*

1. Etimología y significado original.

Las palabras tienen un origen y una acepción etimológica, que las determinan con un cierto significado y contenido original o primero que parece irrenunciable. Pero hay que reconocer también que los conceptos de los cuales los términos son portadores no son estáticos y evolucionan históricamente, de modo que el significado de las palabras a menudo se amplía, otras veces se torna más preciso y riguroso, en ciertos casos se difumina o desvanece. Normalmente las palabras enriquecen y profundizan sus contenidos, en ocasiones diversifican o multiplican sus acepciones, y siempre se relacionan unas con otras alterándose de algún modo su significado. Por todo ello, difícilmente pueden los términos definirse y entenderse con claridad y distinción,

- - - - - - - -

*(Publicado en **Pensamiento Crítico Latinoamericano. Conceptos Fundamentales**, Volumen III, págs. 971-985. Ediciones Universidad Católica Silva Henriquez, 2005)*

ni comunicar con propiedad y precisión las ideas y/o contenidos de cualquier tipo que están llamados a exponer, cuando se los quiera capturar aislados de los "discursos" de que forman parte y de los contextos humanos y sociales en que se utilizan. Todo esto ocurre con el término "solidaridad", lo que nos impele a indagar en sus orígenes, vicisitudes y procesos.

El Diccionario de la Real Academia Española indica que etimológicamente la palabra solidaridad viene del vocablo latino *"solidus"*, del que se conocen tres acepciones: 1. Firme, macizo, denso y fuerte. 2. Dicho de un cuerpo que, debido a la gran cohesión de sus moléculas, mantiene forma y volumen constante. 3. Asentado, establecido con razones fundamentales y verdaderas. El mismo diccionario recuerda que en el lenguaje jurídico dícese "solidario" para referirse al modo de derecho u obligación *in solidum*, que implica un compromiso asumido en conjunto por varias personas que se obligan a responder cada una por el conjunto de ellas. Como otra acepción de la palabra solidario, se menciona finalmente la adhesión a la causa o a la empresa de otros, que se asume como propia.

En los diccionarios italianos, que en sus definiciones suelen recoger con mayor proximidad que en castellano la etimología latina de las palabras de tal origen, se define la *"solidarietà"* de estos modos: 1. Un vínculo que une a varios individuos entre sí, para colaborar y asistirse recíprocamente frente a las necesidades. 2. El conjunto de los vínculos que unen a la persona singular con la comunidad de la que forma parte, y a ésta con cada persona singular. 3. Solidaridad humana, social, es el compartir con otros sentimientos, opiniones, dificultades, dolores, y actuar en consecuencia. 4. En lenguaje jurídico, es un vínculo que caracteriza las obligaciones entre varios deudores, según el cual cada uno de estos puede responder por la totalidad de las deudas, y el cumplimiento por alguno libera a los demás frente a los acreedores.

Podemos decir, pues, que en su significado original y académicamente riguroso la solidaridad es **una relación horizontal entre personas que constituyen un grupo, una asociación o una comunidad**, en la cual los participantes se encuentran **en condiciones de igualdad**. Tal relación o vínculo interpersonal se constituye como solidario **en razón de la fuerza o intensidad de la cohesión mutua**, que ha de ser mayor al simple reconocimiento de la común pertenencia a una colectividad. Se trata, en la solidaridad, de **un vínculo especialmente comprometido, decidido**, que **permanece** en el tiempo y que obliga a los individuos del colectivo que se dice solidario, a responder ante la sociedad y/o ante terceros, **cada uno por el grupo, y al grupo por cada uno**.

2. Evolución del significado de la solidaridad, para superar la degradación mediática de que está siendo objeto.

Estos contenidos fuertes y comprometidos que tiene la palabra solidaridad desde sus orígenes, no parecen estar presentes en cierto empleo liviano que se ha hecho habitual en muchos medios de comunicación, que a su vez se hacen eco del uso y abuso de ella en algunos ambientes sociales y políticos. En efecto, se ha vuelto común emplear la palabra solidaridad para referirse al asistencialismo y a las donaciones de caridad, como también a ciertas políticas públicas y/o estatales de subsidio a los pobres y a ciertos grupos de personas discapacitadas, minusválidas o marginadas.

Tales empleos de la palabra modifican y en cierto modo deforman y degradan el sentido de la solidaridad, al despojarla de cinco principales contenidos de su acepción original: a) la solidez de la interacción grupal que lleva a constituir el hecho o la realidad solidaria como un cuerpo sólido (algo consistente, denso, que no es líquido, fluido ni gaseoso); b) la igualdad de situación y de compromiso u obligación en que se encuentran las personas que solidarizan; c) el relacionamiento de todas ellas mediante un vínculo de mutualidad, reciprocidad y participación en un colectivo o comunidad (conformado por quienes solidarizan; d) la intensidad de la unión mutua que hace constituir al grupo como algo fuerte, definido, establecido por razones fundamentales y verdaderas; e) el carácter no ocasional sino estable y permanente de la cohesión solidaria.

Dijimos que los conceptos que expresan las palabras no son estáticos y que el significado de los términos evoluciona. Especialmente aquellos que se refieren a comportamientos humanos, relaciones sociales, estructuras y procesos socio-culturales y políticos, y muy en particular aquellos que expresan ideas provistas de connotaciones éticas, axiológicas y estéticas, asumen y adquieren significados, contenidos y sentidos diversos según los contextos culturales e ideológicos en que se expresan y emplean. Más aún, tales términos son habitualmente objeto de debates, discusiones y conflictos entre personas, especialmente entre los intelectuales, y también entre los actores o movimientos sociales y políticos, que los exponen e insertan en discursos elaborados en función de intereses, propuestas, ideologías y proyectos predeterminados. En este sentido, y como los términos son conductores de ideas y éstas generan acciones, procesos y proyectos, observamos que muchas veces términos y expresiones que se han cargado de contenido crítico y aspiraciones de alteridad, con el tiempo son despojados de su fuerza combativa, reinterpretados en el marco de discursos legitimados y aceptables para los poderes establecidos, y en cierto modo "domesticados". Así ocurre, por ejemplo, con términos y conceptos como capitalismo y socialismo, libertad y justicia social, democracia y legitimidad, sociedad y comunidad, revolución y cambio, autoridad y poder, organización y conflicto, utopía e ideología, y tantos otros. Entre los muchos términos que han experimentado y sufren tales manipulaciones podemos contar el de "solidaridad", que no es ajeno a dicha multiplicación de sentidos ni ha estado libre de controversias y manipulaciones como las señaladas.

Es oportuno, pues, revisar la evolución de la palabra con el fin de comprender sus más auténticos sentidos y recuperar la riqueza de sus contenidos.

La palabra "solidaridad" era poco utilizada antiguamente y estuvo por mucho tiempo ausente del lenguaje popular corriente, quedando reservada para referirse al hecho jurídico ya mencionado. Fue así hasta que en el tardo medioevo la solidaridad fuera recuperada por los gremios y agrupaciones profesionales y de oficios, que la emplearon para referirse a la unión de personas que comparten condiciones de vida y trabajos afines, y que por tal motivo son llevados a organizarse e integrarse en agrupamientos corporativos y en asociaciones de varios tipos. Es desde allí que la palabra se transfiere después, y será asumida con un fuerte contenido social, por los movimientos obreros y sindicales modernos. Estas organizaciones la emplearon para referirse, en particular, a la unión entre los gremios y sindicatos de una misma localidad, región o país que deriva de su afinidad de intereses y que los lleva a apoyarse y asumir mutuamente como propias las reivindicaciones de cada gremio o sindicato, considerándolas como partes o componentes de una causa que los aglutina.

Hasta mediados del siglo XX y aún más recientemente, hablar de solidaridad en el discurso ideológico implicaba referirse a una **causa común**, a **intereses compartidos**, y al **apoyo mutuo** que se deben unos grupos y organizaciones con otros grupos y organizaciones, en las luchas sociales y políticas que emprenden. Especialmente en la primera mitad del siglo XX, cuando se invocaba la solidaridad en el seno de los movimientos obreros, se entendía "solidaridad de clase", asumiendo la palabra un fuerte contenido combativo. Al menos hasta fines la década de los setenta el término se reservaba para expresar la unión y mutuo apoyo de unos gremios y sindicatos con otros, cuando emprendían acciones de reivindicación y lucha social.

En aquél período la palabra solidaridad empezó a ser utilizada también en el contexto de la cultura y el pensamiento cristiano, donde fue introducida por autores de profunda inquietud social y política como J. Lebret y E. Mounier. En este contexto, la palabra solidaridad rápidamente adquirió gran centralidad, al derivar su significado hacia el que podemos considerar como el centro gravitacional de la ética cristiana. En efecto, la solidaridad llegó a emplearse como un sinónimo, y en ciertos ambientes incluso como un sustituto, del término fraternidad, expresándose con ella tanto la común e igual condición de "hijos de Dios" que vincula a los seres humanos, como el hecho de formar todos parte de un mismo cuerpo social y espiritual, cuya vida y destino son compartidos por toda la humanidad. En este sentido, la palabra pierde el contenido "clasista" o de grupo social que asumió en la cultura marxista y sindicalista, y se postula como un vínculo y compromiso que se extiende a la humanidad en su conjunto. Es siempre cierto que en este contexto del pensamiento cristiano, las referencias a la solidaridad siguen insertas en la temática de la justicia social y de la cuestión obrera, aunque se la propone más como solución a los problemas que como medio o estrategia a emplear en las luchas sociales. Es así que llega a adquirir carta de ciudadanía en el marco oficial de la Doctrina Social de la Iglesia.

En efecto, el pensamiento o Doctrina Social de la Iglesia, que con la Encíclica *Rerum Novarum* del papa León XIII comenzó a definir posiciones y principios sobre la cuestión obrera y la justicia social, vino a darle a la palabra solidaridad nuevos matices y significados, o más exactamente, a agregarle ciertos contenidos originales. Sin embargo, ello no ocurrió explícitamente en la mencionada *Rerum Novarum* y ni siquiera cuarenta años después en la *Quadragesimun Annum* de Pío XI, que de hecho no emplean el vocablo solidaridad (aunque hacen referencia a la legitimidad y validez de las asociaciones obreras y sindicatos con sus reivindicaciones de un salario justo, como también a la ayuda mutua y a la necesaria cooperación entre organizaciones y grupos sociales). El proceso de aceptación e incorporación de la palabra solidaridad, vinculada a la cuestión social y a la búsqueda de un orden justo, se cumple lentamente, hasta que finalmente, en la Encíclica *Sollicitudo Rei Socialis* de Juan Pablo II, adquiere nada menos que el rango de uno de los principios fundamentales de la Doctrina Social Cristiana. Este "principio de solidaridad", complementario del "principio de subsidiaridad", nos invita a incrementar nuestra sensibilidad hacia los demás, especialmente hacia quienes sufren. Pero el Pontífice añade que la solidaridad no es simplemente un sentimiento, sino una «virtud» real, que permite asumir personal y grupalmente las responsabilidades de unos con otros. El Santo Padre escribía que no es «un sentimiento superficial por los males de tantas personas, cercanas o lejanas. Al contrario, es la determinación firme y perseverante de empeñarse por el bien común; es decir, por el bien de todos y cada uno, para que todos seamos verdaderamente responsables de todos».

De este modo en la cultura social cristiana la solidaridad se constituye con un contenido esencialmente ético, como un valor y una virtud particular que expresan contenidos muy cercanos a los que se identifican con las nociones de fraternidad y de amor universal, pero que contextualizados en la llamada "cuestión social" no se limitan a manifestaciones individuales o privadas sino que buscan plasmarse en un orden social justo, e incluso en una civilización solidaria (Lebret). Sin embargo debe reconocerse que, al insertarse en un discurso ético y sólo genéricamente social, particularmente referido a la necesidad de aliviar la pobreza y asumir las necesidades ajenas como propias, ocurre a menudo en la predicación y en la propuesta que se hace a los fieles de comportamientos individuales consecuentes, que con demasiada facilidad el significado de la solidaridad se desliza hacia la mera caridad que han de manifestar las personas satisfechas o privilegiadas para con sus hermanos desposeidos, marginados o carentes de salud, educación o un adecuado o digno nivel de vida.

3. La solidaridad como concepto sociológico.

Otra fuente importante de explorar en la búsqueda de significados de la solidaridad son las ciencias sociales modernas. La palabra solidaridad adquiere carta de ciudadanía científica con Durkheim, considerado fundador de la sociología moderna, que en *La División Social del Trabajo* busca dar a la solidaridad, como hecho sociológico, un estatuto científico. Considerando la proveniencia de la palabra en el lenguaje social, analiza la solidaridad en cuanto inserta en la problemática que plantean a la sociología las "agrupaciones profesionales", pero al hacerlo la proyecta más allá de éstas, otorgándole un sentido teórico general. Resulta altamente ilustrativo y esclarecedor detenernos aunque sea brevemente en esta formulación sociológica.

El hecho del que parte Durkheim es la constatación de que con el surgimiento de la sociedad y la economía modernas se cumplen dos procesos simultáneos, aparentemente contradictorios. Por un lado, la emergencia de la individualidad, o sea el proceso de individuación que comporta hacer de cada individuo un sujeto de derechos e intereses legítimos; por el otro, la estructuración de un sistema social que vincula y hace depender crecientemente a las personas individuales del orden social y de las instituciones públicas. "¿Cómo es posible –se pregunta Durkheim- que al mismo tiempo que se hace más autónomo, dependa el individuo más estrechamente de la sociedad? ¿Cómo puede ser a la vez más personal y más solidario?; pues es indudable que esos dos movimientos, por contradictorios que parezcan, paralelamente se persiguen." (Prefacio de *La División Social del Trabajo*).

Como sociólogo que considera los hechos sociales en sí, descarta recurrir a la noción abstracta de "sociedad" como constitutiva de la integración humana real; si por "sociedad" entendemos una supuesta colectividad general que integra a todos los seres humanos en una unidad societal, debemos entender que ella no existe realmente. Lo que existe son los agrupamientos concretamente constituidos por individuos determinados que han estrechado relaciones, que comparten acciones y espacios territoriales, que trabajan y tienen cierta vida grupal que los une, y que se vinculan por un orden moral y jurídico de normas, reglas y leyes generadas por ellos mismos y que les imponen ciertas conductas compartidas. Tales agrupamientos no se constituyen como resultado de un supuesto "pacto social", que tampoco existe ni ha existido nunca en la historia. Ellos surgen, en cambio, cuando se construyen vínculos reales que Durkheim identifica como "solidaridad social". "Lo que existe, y realmente vive -sostiene- son las formas particulares de la solidaridad, la solidaridad doméstica, la solidaridad profesional, la solidaridad nacional, la de ayer, la de hoy, etc. Cada una tiene su naturaleza propia. (...) El estudio de la solidaridad depende, pues, de la Sociología. Es un hecho social que no se puede conocer bien sino por intermedio de sus efectos sociales".

"Desde el momento que -escribe Durkheim- en el seno de una sociedad política, un cierto número de individuos encuentran que tienen ideas comunes, intereses, sentimientos, ocupaciones que el resto de la población no comparte con ellos, es inevitable que, bajo el influjo de esas semejanzas, se sientan atraídos los unos por los otros, se busquen, entren en relaciones, se asocien, y que así se forme poco a poco un grupo limitado, con su fisonomía especial, dentro de la sociedad general. Pero, una vez que el grupo se forma, despréndese de él una vida moral que lleva, como es natural, el sello de las condiciones particulares en que se ha elaborado, pues es imposible que los hombres vivan reunidos, sostengan un comercio regular, sin que adquieran el sentimiento del todo que forman con su unión, sin que se liguen a ese todo, se preocupen de sus intereses y los tengan en cuenta en su conducta. Ahora bien, esa unión a una cosa que sobrepasa al individuo, esta subordinación de los intereses particulares al interés general, es la fuente misma de toda actividad moral. (...) Al mismo tiempo que ese resultado se produce por sí mismo y por la fuerza de las cosas, es útil, y el sentimiento de su utilidad contribuye a confirmarlo. (...) He aquí por qué cuando los individuos que encuentran que tienen intereses comunes, se asocian, no lo hacen solo por defender esos intereses, sino por asociarse, por no sentirse más perdidos en medio de sus adversarios, por tener el placer de comunicarse, de constituir una unidad con la variedad, en suma, por llevar juntos una misma vida moral".

Este es el concepto que Durkheim propone de la solidaridad social, que -dice- "es un fenómeno completamente moral que, por sí mismo, no se presta a observación exacta ni, sobre todo, al cálculo", pero que podemos identificar a través de un hecho externo que la simbolice. En efecto, "allí donde la solidaridad social existe, a pesar de su carácter inmaterial, no permanece en estado de pura potencia, sino que manifiesta su presencia mediante efectos sensibles. Allí donde es fuerte, inclina fuertemente a los hombres unos hacia otros, los pone frecuentemente en contacto, multiplica las ocasiones que tienen de encontrarse en relación. Hablando exactamente, es difícil decir si es ella la que produce esos fenómenos, o, por el contrario, si es su resultado; si los hombres se aproximan porque ella es enérgica, o bien si es enérgica por el hecho de la aproximación de éstos. Mas, por el momento, no es necesario dilucidar la cuestión, y basta con hacer constar que esos dos órdenes de hechos están ligados y varían al mismo tiempo y en el mismo sentido. Cuanto más solidarios son los miembros de una sociedad, más relaciones diversas sostienen, bien unos con otros, bien con el grupo colectivamente tomado, pues, si sus encuentros fueran escasos, no dependerían unos de otros más que de una manera intermitente y débil. Por otra parte, el número de esas relaciones es necesariamente proporcional al de las reglas jurídicas que las determinan. En efecto, la vida social, allí donde existe de una manera permanente, tiende inevitablemente a tomar una forma definida y a organizarse, y el derecho no es otra cosa que esa organización, incluso en lo que tiene de más estable y preciso."

Durkheim atribuye una gran importancia a estas formas de solidaridad social. Pues - indica - "una sociedad compuesta de una polvareda infinita de individuos inorganizados, que un Estado hipertrofiado se esfuerza en encerrar y retener, constituye una verdadera monstruosidad sociológica. La actividad colectiva es siempre muy compleja para que pueda expresarse por el solo y único órgano del Estado; además, el Estado está muy lejos de los individuos, tiene con ellos relaciones muy externas e intermitentes para que le sea posible penetrar bien dentro de las conciencias individuales y socializarlas interiormente. (...) Una nación no puede mantenerse como no se intercale, entre el Estado y los particulares, toda una serie de grupos secundarios que se encuentren lo bastante próximos de los individuos para atraerlos fuertemente a su esfera de acción y conducirlos así en el torrente general de la vida social".

4. La solidaridad como concepto económico.

Es interesante observar que mientras el reconocimiento sociológico de la solidaridad se verifica desde los orígenes mismos de esta disciplina, su reconocimiento como hecho económico ocurre tardíamente y sólo ha empezado a cumplirse recientemente, con la formulación de la denominada **economía de solidaridad** o "economía solidaria".

En efecto, la ciencia económica moderna se ha construido sobre un supuesto antropológico individualista, y específicamente sobre la noción del homo oeconomicus, esto es, el individuo egoísta, ávido, que persigue exclusivamente su propio interés y utilidad, que se esfuerza en maximizar siempre y a toda costa, sin importarle sacrificar los intereses ajenos ni el bien común. De hecho, hasta hace poco más de veinte años, cuando comenzamos a formular la concepción de la economía de solidaridad, esta palabra estaba ausente del lenguaje económico y no tenía reconocimiento alguno como hecho económico real. Por ello causó sorpresa asociar en una sola expresión los dos términos.

Las palabras "economía" y "solidaridad" formaban parte de lenguajes y "discursos" separados. Ponerlas unidas en una misma expresión constituyó entonces un llamado a un proceso intelectual complejo que debía desenvolverse paralela y convergentemente en dos direcciones: por un lado, había que desarrollar un proceso interno al discurso ético y axiológico, por el cual se recuperara la economía como espacio de realización y actuación de los valores y fuerzas de la solidaridad; por otro, se trataba de desarrollar un proceso interno a la ciencia de la economía que la abriera al reconocimiento y actuación de la idea y el valor de la solidaridad.

Un elemento indispensable para actuar este doble proceso intelectual era reconocer que, aunque ausente intelectualmente, la solidaridad no ha sido ni es ajena a la economía real: a las empresas, al mercado, a las políticas económicas, etc. Pero más allá de ello, el análisis de diferentes tipos de empresas asociativas, cooperativas, mutualistas y de beneficio social, llevó a reconocer que existía una racionalidad económica solidaria común a muchas de ellas, cuyo fundamento finalmente identificamos en la presencia activa de la solidaridad social, operante no de modo accesorio y ocasional sino central y establemente. Y como dicho elemento solidario es constitutivo de las realidades económicas en referencia, fue preciso reconocerla empleando conceptos y terminologías propias de la ciencia económica. Es así que identificamos la solidaridad económica activa y operante al interior de las empresas solidarias, como un factor económico, al que denominamos **"Factor C"**.

Lo llamamos "Factor", porque se hace presente como una fuerza productiva, a la que debe reconocércele un aporte específico en la creación de valor económico. En tal sentido, se constituye como factor económico en el mismo sentido en que lo son los factores trabajo, capital, tecnología y gestión La letra C obedece al hecho que dicha fuerza productiva se hace presente en la cooperación, colaboración, comunicación, comunidad, compartir, y muchas otras palabras que empiezan con la letra "c", en razón del prefijo "co" que significa "juntos", "unidos", "asociados".

Dicho **Factor C** es, pues, la solidaridad en cuanto presente en la economía, formulada en el lenguaje de la ciencia económica. La expresamos, sintéticamente, indicando que **la unión de conciencias, voluntades y sentimientos tras un objetivo compartido genera una energía social que se manifiesta eficientemente, dando lugar a efectos positivos e incrementando el logro de los objetivos de la organización en que opera**.

En lo específicamente económico, se manifiesta en el hecho de poner en común recursos materiales, fuerzas de trabajo, conocimientos técnicos, capacidades organizativas y gestionarias, y otros variados recursos de los asociados, esperándose que de su combinación técnica y gestión comunitaria se verifiquen efectos positivos en cuanto a producción, ingresos y bienestar, para cada uno de los participantes, y también para la comunidad (o colectividad) como tal.

La presencia activa de este **"Factor C"** se constituye como un hecho que caracteriza y distingue a las formas de empresas solidarias, presencia que puede considerarse extensiva a todo un sector de economía de solidaridad, e incluso a una más general estrategia de desarrollo alternativo. Siendo así, es conveniente hacer algunas precisiones sobre los contenidos y los efectos económicos de esta solidaridad económica.

Un primer contenido de la solidaridad en la economía es la cooperación en el trabajo, que puede acrecentar el rendimiento de cada uno de los integrantes de la fuerza

81

laboral y la eficiencia de ésta en su conjunto. De este modo, la comunidad proporciona beneficios superiores a los que cada integrante alcanzaría recurriendo exclusivamente a la propia fuerza individual. Hay que tener en cuenta que son cada vez más los trabajos que no pueden ser emprendidos sino por un sujeto colectivo; en tales casos la cooperación voluntariamente buscada y aceptada permite el más perfeccionado grado de integración del sujeto laboral capaz de asumir su realización y control.

Otro contenido importante es el uso compartido de conocimientos e informaciones, tanto de carácter técnico como de gestión, y relativos a las funciones de producción, comercialización, administración, etc.; ello implica beneficios adicionales, como también ahorro de costos (dado que las informaciones no suelen ser gratuitas en el mercado, teniendo al contrario costos significativos).

El uso compartido de los conocimientos se expresa en otro contenido importante del **"Factor C"**, cual es la adopción colectiva de las decisiones, que pueden resultar más eficientes (cuando se adoptan bajo ciertas condiciones organizativas apropiadas), especialmente debido a que quienes las adoptan son los mismos que se responsabilizan de su ejecución. Una buena planificación colectiva de las actividades resulta especialmente ventajosa, porque los planes son buenos cuando son actuables, y son actuables cuando los que participan en su realización práctica están impregnados de sus objetivos, conocen el lugar y el significado de la propia acción en el conjunto, están personalmente interesados en su buen cumplimiento, y adhieren por su propia voluntad en la ejecución de lo planificado por haber participado en su elaboración.

Vinculado a lo anterior, destaca como otro contenido importante el logro de una más equitativa y mejor distribución de los beneficios logrados por la unidad económica entre sus integrantes, lo cual indudablemente colabora en la motivación del esfuerzo y de los aportes que cada uno hace a la obra común.

Otro contenido del **"Factor C"** digno de ser tenido en cuenta, se relaciona con los incentivos psicológicos que derivan de ciertos rituales propios del trabajo en equipo o comunitario, que se expresan tanto en el mismo proceso de trabajo como en las actividades anexas que inciden sobre las distintas funciones necesarias al funcionamiento de la empresa. Estos rituales o hábitos de grupo colaboran en la creación de un clima social favorable al desarrollo de las actividades, y facilitan los procesos de adaptación y socialización indispensables.

Un no menos importante contenido es la reducción de la conflictualidad social al interior de la unidad económica comunitaria, debido a que al menos los conflictos derivados de intereses antagónicos quedan excluidos, mientras que otros conflictos inevitables pueden encontrar adecuados canales de resolución. Este elemento puede resultar significativo en términos económicos, pues los costos de los conflictos laborales y empresariales suelen ser elevados en las empresas privadas.

A todo lo anterior hay que agregar que el mismo hecho comunitario o asociativo constituye de por sí un beneficio especial para cada integrante, que debe sumarse a la cuenta subjetiva (e incluso objetiva, cuando dicho beneficio permite ahorrar los costos de su logro alternativo fuera de la comunidad laboral) de los resultados globales de la actividad. Tal beneficio especial dice relación con la satisfacción de un conjunto de necesidades relacionales y de convivencia, que los miembros de la organización pueden alcanzar en el mismo proceso de trabajo y gestión asociativa.

Vinculado con esto cabe destacar también que el hecho comunitario, y específicamente la presencia operante del **"Factor C"**, es uno de los elementos que explican que las unidades económicas alternativas tengan una tendencia a la integralidad en cuanto a la combinación de los aspectos culturales y sociales con los económicos. Además de los ya mencionados efectos de este hecho, cabe destacar que implica que la comunidad o grupo organizado se constituye como parte integrante de las estrategias de subsistencia, modos de vida y estilos de desarrollo, asumidos por cada integrante y sus familias.

La solidaridad económica tiene, así, un significativo impacto sobre el desarrollo personal de los individuos asociados, pues la cooperación se convierte en un elemento favorable al desarrollo de una personalidad más integrada, capaz de articular las distintas dimensiones de la vida en un proceso de crecimiento que es a la vez personal y comunitario.

Un último pero no menos importante contenido de la presencia de la solidaridad en la economía son los beneficios de la acción comunitaria y colectiva sobre la comunidad más amplia y sobre la sociedad global en que opera la unidad económica. Tales beneficios son de muy variados tipos y características, pero pueden resumirse en el impacto de las unidades económicas alternativas en la transformación y desarrollo hacia una sociedad más justa, libre y solidaria.

Los mencionados no son los únicos aspectos relativos al contenido y a los efectos económicos del que llamamos **"Factor C"**; pero ellos nos dan una idea precisa de su significado e importancia en las empresas alternativas y en la economía de solidaridad. Podemos intentar una definición económica sintética.

En síntesis, el **"Factor C"** significa que la formación de un grupo, asociación o comunidad, que opera cooperativa y coordinadamente, proporciona un conjunto de beneficios a cada integrante, y un mejor rendimiento y eficiencia a la unidad económica como un todo, debido a una serie de economías de escala, economías de asociación y externalidades positivas implicadas en la acción común y comunitaria.

Ahora bien, la economía tiene muchos y variados aspectos y dimensiones y está constituída por múltiples sujetos, procesos y actividades. A su vez, la solidaridad tiene tantas maneras de manifestarse. Por ello, la economía de solidaridad no es un modo definido y único de organizar actividades y unidades económicas, pues en ella se hacen presente muchas y muy variadas formas y modos de hacer economía solidaria. En todos los casos, se tratará de introducir y hacer operante la solidaridad en las empresas, en el mercado, en el sector público, en las políticas económicas, en el consumo, en el gasto social y personal, etc.

Si la economía de solidaridad se constituye poniendo solidaridad en la economía, ella se manifestará en distintas formas, grados y niveles según la forma, el grado y el nivel en que la solidaridad se haga presente en las actividades, unidades y procesos económicos. Por esto podemos diferenciar en ella y en el proceso de su desarrollo dos grandes dimensiones.

Por un lado, habrá economía de solidaridad en la medida que en las diferentes estructuras y organizaciones de la economía global vaya creciendo la presencia de la solidaridad por la acción de los sujetos que la organizan. Por otro lado, identificaremos economía de solidaridad en una parte o sector especial de la economía: en aquellas actividades, empresas y circuitos económicos en que la solidaridad se haya hecho presente de manera intensiva y donde opere como elemento articulador de los procesos de producción, distribución, consumo y acumulación.

Distinguimos, de este modo, dos componentes que aparecen en la perspectiva de la economía solidaria: un proceso de solidarización progresiva y creciente de la economía global, y un proceso de construcción y desarrollo paulatino de un sector especial de economía de solidaridad. Ambos procesos se alimentarán y enriquecerán recíprocamente. Un sector de economía de solidaridad consecuente podrá difundir sistemática y metódicamente la solidaridad en la economía global, haciéndola más solidaria e integrada. A su vez, una economía global en que la solidaridad esté más extendida, proporcionará elementos y facilidades especiales para el desarrollo de un sector de actividades y organizaciones económicas consecuentemente solidarias.

En uno u otro nivel la economía de solidaridad nos invita a todos. Ella no podrá extenderse sino en la medida que los sujetos que actuamos económicamente seamos más solidarios, porque toda actividad, proceso y estructura económica es el resultado de la acción del sujeto humano individual y social.

5. ¿Es posible incrementar la solidaridad social y económica?

Considerada la importancia de la solidaridad tanto en la vida personal como en los procesos sociales y en las actividades económicas, surge la interrogante de sí ella sea susceptible de ser fomentada, promovida y desplegada, mediante acciones sistemática y consecuentemente orientadas a lograrlo.

Sabemos que, en la práctica, las organizaciones sociales solidarias y las empresas o unidades económicas provistas de **Factor C**, se constituyen como resultado de procesos sociales y culturales complejos. Hay múltiples evidencias, además, de que el potencial de solidaridad es siempre mayor que la solidaridad que se manifiesta efectivamente, tanto por parte de los individuos como al interior de los pequeños grupos y de las sociedades mayores. En efecto, existen muchas organizaciones, asociaciones y agrupamientos sociales que no llegan a manifestar los vínculos de integración que permitiría reconocerlas como efectivamente solidarias. Igualmente, y así como a menudo permanecen desocupados e inactivos los recursos cognitivos, laborales, organizativos, etc., disponibles socialmente, sin convertirse en factores económicos propiamente tales, siempre existe una importante cantidad de "energía social" como recurso que permanece económicamente inactivo, sin convertirse en **"Factor C"** como tal.

Conviene, pues, examinar cuáles sean las condiciones que hacen posible activar la solidaridad potencial, tanto para la generación de organizaciones sociales solidarias como para la creación de empresas y actividades de economía de solidaridad.

Expresadas sintéticamente, entendiendo que se trata de condiciones independientes entre sí, de modo que cada una de ellas, o varias conjuntamente, pueden por sí ser suficientes para favorecer el surgimiento y desarrollo de vínculos solidarios, podemos enumerar las siguientes:

a. La existencia de una necesidad económica imperiosa, o de un problema de subsistencia que enfrenten personas que comparten un mismo territorio, una vecindad, o condiciones de vida que les implican relacionarse cotidianamente. En tal sentido, la desocupación y la marginación, que constituyen fenómenos estructurales en los países subdesarrollados, derivados del modo en que se encuentra organizada la economía, son generadoras de procesos organizativos que se despliegan, tanto en un sentido de organización social con fines de reivindicación y defensa de derechos conculcados, como de iniciativas económicas tendientes a enfrentar asociativa y solidariamente las necesidades y problemas compartidos. A menudo es la común experiencia de la exclusión y marginación lo que en muchos casos motiva la cooperación y solidaridad que se traduce en la gestación de organizaciones sociales y de iniciativas colectivas de producción, distribución y consumo solidarios.

b. La presencia previa de organización de individuos con propósitos que no siendo inicialmente de carácter solidario, permite el establecimiento de relaciones sociales y el estrechamiento de vínculos grupales, que a menudo se refuerzan frente a obstáculos, amenazas o presiones externas. Ante cambios en la situación en que operan y junto al surgimiento de demandas de participación por sus integrantes, muchas organizaciones sociales creadas con otros fines se plantean el objetivo de realizar en conjunto actividades solidarias, sociales y/o económicas organizadas. Se expresa en tal sentido lo que Albert Hirschman ha denominado "el principio de conservación y transformación de la energía social", según el cual ciertos movimientos sociales organizados cambian de carácter luego de experiencias de lucha social fracasada, o terminada por el éxito en el logro de sus primitivos objetivos. Lo que se señala es que la experiencia en anteriores organizaciones puede cumplir la función básica de reunir a personas con problemas comunes e ideas similares, en una empresa común. En cualquier caso, la condición mínima para la emergencia de una organización social o económica solidaria es un proceso previo en que se supere el aislamiento y la desconfianza mutua, y se compartan ciertos intereses y aspiraciones.

c. La intervención de un estímulo externo orientado a promover la organización con fines de autoayuda, de cooperación y de solidaridad. Hay en tal sentido una extendida práctica de apoyo a la generación de actividades colectivas, que se manifiesta tanto en donación de financiamientos para proveer a los grupos de los recursos materiales y de operación indispensables, como en servicios de capacitación, asistencia técnica, asesoría y acompañamiento organizacional. Debe reconocerse en este estímulo externo un elemento importante en la gestación y desarrollo tanto de organizaciones sociales como de formas económicas solidarias o de tipo comunitario.

d. Las motivaciones ideológicas y axiológicas, que llevan a muchas personas y grupos a buscar formas de vida, de organización y de acción alternativas respecto a las predominantes basadas en las opuestas tendencias hacia el individualismo y hacia la masificación despersonalizante. Las ideas y valores humanistas, solidarios y cooperativistas tienen a menudo concreción y aplicación práctica en organizaciones sociales y económicas de los más variados tipos y características. En muchos casos encontramos que el origen de la organización solidaria es un estímulo interno, proveniente del grupo como tal o de algunos de sus integrantes más conscientes e inquietos. Cabe incluir en este sentido la ampliación de ciertas experiencias asociativas, cooperativas y solidarias como resultado del esfuerzo hecho por ellas mismas para difundir, socializar y extender los propios modos de organizarse y de actuar.

Son estas las principales condiciones que pueden detectarse al origen de la mayoría de las organizaciones sociales y de las experiencias de acción económica cooperativa y solidaria. Cabe advertir -además de que es posible que surjan grupos por otras razones que no hemos contemplado-, que a menudo es la presencia de más de una de las señaladas, o una combinación de todas ellas, lo que hace germinar aquella energía social que se transforma en el **"Factor C"** de contenido económico, cuya importancia en toda organización económica solidaria hemos destacado.

91

IV

EL FACTOR C.*

PRESENTACIÓN

Creo que no tengo mucho que enseñarles a ustedes sobre economía solidaria. En cambio, aquí hay mucho que aprender. Lo que he visto, lo que he conversado con distintas personas en esta visita que hemos hecho, me dice que lo que tienen ustedes acá, en esta región, son experiencias de verdadera, genuina, valiosísima economía solidaria.

CONSTRUIR UNA TEORÍA DE LA ECONOMÍA DE SOLIDARIDAD

Creo que puedo hacer un aporte de aquello sobre lo cual he trabajado en estos años, que es un intento de elaborar, de construir un pensamiento, una teoría económica de la economía de solidaridad. Y digo una teoría   económica

- - - - - - - -

* *(Transcripción de un cursillo en la Escuela Cooperativa "Rosario Arjona", de CECOSESOLA, Estado Lara, Venezuela, 1997).*

93

porque en el cooperativismo y en las búsquedas de economías alternativas, asociativas y autogestionarias que se han dado a lo largo de varios siglos, desde los comienzos del capitalismo, siempre ha habido grupos de personas que han intentado hacer economía de otra manera. Pero el pensamiento que ha guiado esas búsquedas, esos procesos, ha sido principalmente un pensamiento doctrinario. Hay una doctrina del cooperativismo, hay una filosofía de la solidaridad, hay una ideología de la autogestión, pero, en verdad, ha habido muy poca búsqueda a nivel de lo que es la ciencia económica para entender la economía de solidaridad.

Economía de solidaridad para los economistas es algo sumamente extraño, porque si uno estudia, y lo hemos hecho, los libros que se han escrito en el mundo sobre la economía, hasta hace unos quince años atrás (en que hemos empezado a escribir de economía de solidaridad); si uno lee todos los manuales que se enseñan en la Universidad, de todas las corrientes del pensamiento económico, la palabra solidaridad no aparece nunca.

Nosotros hemos hecho un esfuerzo sistemático por tratar de descubrir qué es, en economía, la solidaridad y no existe ni siquiera la palabra solidaridad en la ciencia de la economía convencional, tradicional: ni de los liberales, ni de los socialistas, ni de los keynesianos. Aparece la palabra cooperación, pero no la palabra solidaridad. Y la palabra cooperación aparece con un sentido más bien técnico, del esfuerzo que combina la acción de distintos elementos para producir un proceso que requiere que diferentes funciones sean cumplidas de manera coordinada y con "cooperación" entre ellos. Pero solidaridad, no aparece nunca en la economía.

Cuando nosotros empezamos a hablar a finales de los años setenta de la economía de solidaridad, sonaba tan raro, como si uno dijera mecánica sentimental o química amorosa. Porque eran dos palabras de dos lenguajes, de dos culturas completamente diferentes. Porque también desde el concepto de la solidaridad no se hablaba de la economía. Quienes hacían llamados a la solidaridad, quienes predicaban la solidaridad, quienes buscaban desarrollar experiencias solidarias, en aquellos momentos nunca pensaban que la solidaridad podía ser un elemento desde o con el cual se pudieran hacer negocios, hacer economía, hacer empresas.

Esto era así por la sencilla razón de que la economía capitalista en su forma concreta, es una economía orientada a la competencia, a la ganancia, que enfrenta a los grupos de intereses contrapuestos poniéndolos en conflicto. Y entonces, la solidaridad como que no tiene espacio en la teoría económica convencional, a pesar de que siempre ha habido experiencias económicas solidarias. En la práctica, siempre las ha habido y yo diría que desde mucho antes de que existiera el capitalismo y en los comienzos de la historia. La mayor parte de la economía del mundo, en los diferentes pueblos, ha sido una economía solidaria. Con esta famosa ciencia de la economía que surgió con Adam Smith, a fines del siglo XVII-XVIII, la palabra solidaridad desapareció del pensamiento económico, y cuando la gente empieza, desde hace algunos años a esta parte, a hablar, a escuchar de economía y solidaridad, se hace una idea bastante especial.

¿ECONOMÍA DE SOLIDARIDAD = ECONOMÍA DE BENEFICENCIA?

La gente se imagina la economía de solidaridad como una especie de economía caritativa, una economía de beneficencia. Espontáneamente, a lo que más se llega asociando solidaridad con economía es a pensar algo como esto: En la economía se produce la riqueza, se distribuyen los bienes, se consume y se acumula. Todo esto se hace en un marco donde la economía funciona con sus propias leyes objetivas, así se habla de: la ley de la oferta y la demanda, las leyes del mercado, las leyes de la competencia... La economía produce, distribuye, consume, acumula la riqueza pero... como quedan algunos huecos, algunos vacíos sin satisfacer, o sea, un grupo de personas que no participan, que quedan marginados de la economía, que son pobres y no logran satisfacer sus necesidades, entonces, sería el momento cuando llega la solidaridad a completar aquello que la economía por sí misma no logró realizar. A resolver los problemas que la economía creó, a llenar los huecos que deja la economía.

Como si la solidaridad viniera desde fuera simplemente

a arreglar un poco las cosas que en la economía quedaron mal: los pobres, la exclusión de algunos sectores, las necesidades sociales insatisfechas. Y es así que, como no se entiende bien, se piensa que esta economía de solidaridad es de beneficencia, de donaciones; incluso yo he escuchado a economistas muy importantes decir que la economía de solidaridad es una especie de antieconomía, es decir, como la negación de la economía.

ECONOMÍA DE SOLIDARIDAD EN VEZ DE ECONOMÍA SOLIDARIA

Lo que nosotros planteamos y vemos en la realidad cuando hablamos de economía de solidaridad es algo muy distinto a esto que acabo de explicar, a esa especie de acción que viene, desde fuera, con los resultados de la economía a llenar sus vacíos y sus deficiencias. Todo lo contrario, la economía de solidaridad es una economía en la cual la solidaridad se hace presente, se introduce dentro de la economía y se produce, se distribuye, se consume y se acumula con solidaridad. O sea, la solidaridad incorporada al interior de la economía; puesta dentro de la economía.

Cuando la solidaridad se hace presente en la economía suceden cosas bastante sorprendentes, y es que aparece una nueva manera de hacer economía, una nueva racionalidad económica.

Nosotros decimos economía de solidaridad porque pensamos en la solidaridad como un elemento activo, operante dentro de la economía y, por eso, venimos a hablar de economía de solidaridad en vez de economía solidaria, que es la expresión que más se usa. Después nos hemos dado cuenta de cómo "economía solidaria" la usa un pocotón de gente, la usan los gobiernos... se manosea un poquito este concepto de economía solidaria.

LA SOLIDARIDAD COMO SUSTANTIVO

Reafirmamos esta diferencia de lo que nosotros tratamos de construir diciendo economía de solidaridad, o sea, que la solidaridad es un sustantivo y no un adjetivo. Cuando decimos "economía solidaria" es la economía que se hace en cierto modo, un poco más o menos fraterna, más solidaria. Pero cuando decimos economía de solidaridad es economía hecha con solidaridad.

Ahora para ser más exactos todavía, nosotros decimos economía de solidaridad y trabajo, porque no es sólo solidaridad sino solidaridad y trabajo. O sea, es el trabajo unido con la solidaridad y la solidaridad convertida en trabajo, lo que da lugar a esta manera especial de hacer economía que en realidad ustedes conocen, en las experiencias concretas que viven, que practican.

Ahora podemos decir que todo esto es una introducción muy general para explicar un poquito cuál es la idea global de esta economía, en la cual la solidaridad es algo activo, un elemento presente. O sea, una economía que se hace utilizando la solidaridad, que se hace con este ingrediente de la solidaridad, que no es un ingrediente secundario, sino que se convierte en un ingrediente importante, principal, dando lugar a una nueva manera de hacer economía.

¿Cómo tratamos de formular esto, de expresarlo a nivel de la ciencia de la economía, o sea, de la teoría económica? Eso creo que es lo único que yo podría, en esta ocasión, aportar un poco para la reflexión y el trabajo que ustedes hacen en este terreno.

LOS FACTORES ECONÓMICOS

Cuando los economistas se preguntan con qué se hace economía, dicen que la economía se hace con ciertos factores económicos, también llamados en otros lenguajes económicos, fuerzas productivas. Las fuerzas productivas o factores económicos son aquellos que estando dentro de las empresas, dentro del mercado, dentro de las organizaciones económicas, generan producción, participan en la creación de riquezas, participan en la generación de productos.

En la teoría económica clásica, en los comienzos de la teoría económica, se decía que había tres fuerzas productivas o tres factores productivos. En esa distinción los factores eran: la tierra, el capital y el trabajo. Posteriormente las teorías neo-clásicas redujeron a dos los factores: capital y trabajo, porque dijeron que la tierra, al final, es capital. Para ellos, los únicos dos factores productivos eran el capital y el trabajo, y la producción se realizaba como resultado de la cooperación conjunta, combinada, de esos dos factores.

En las teorías económicas más modernas se han reconocido algunos otros factores, y actualmente la mayor parte de los modelos económicos establecen que los factores económicos con los cuales se producen son cinco:

La fuerza de trabajo: no se puede producir sin trabajo. Es el principal factor económico pero... no basta el trabajo para producir.

Es necesario operar sobre ciertos medios materiales, o sea, la tierra, locales, maquinarias, incluso materia prima. Estos son los *medios materiales de producción*.

Se señala también que hay un factor económico fundamental que es *la tecnología*. Entendiéndose por tecnología el "saber hacer". Es un saber práctico que se puede traducir en sistemas, en procesos técnicos, incluso que se puede introducir en las máquinas, pero siempre un saber, un conocimiento, una información. Un ejemplo de tecnología son las fórmulas del proceso

100

productivo, es todo el saber incorporado a la actividad productiva, el saber hacer.

Después se señala que otro factor fundamental de la actividad económica, es *la financiación*. Es decir, ciertas cantidades de dinero que permiten cubrir costos, pagar factores cuando son externos, en fin, dar créditos a quienes adquieren los productos...

La gestión o la administración, esto es, un elemento de toma de decisiones, un sistema para tomar decisiones.

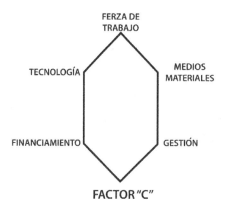

Estos son los cinco factores económicos que la economía moderna ha llegado a reconocer y dicen siempre: "con estos factores se produce".

Los puse aquí vinculados en esta figura, en forma de panal, porque funcionan en combinación, no están separados, porque todos ellos operan estrechamente entrelazados, unos con otros y cada uno de ellos tiene una productividad que le puede ser reconocida.

La fuerza de trabajo aporta al producto algo y esa es su productividad. La tecnología hace su aporte. Lo mismo los medios materiales, la gestión y la financiación. Todos los factores son necesarios para producir y hacen un aporte específico a la generación del producto, de la riqueza, que es su particular productividad, que puede ser medida, que puede ser cuantificada, etc.

UN NUEVO FACTOR ECONÓMICO

Lo que nosotros vemos, observando las experiencias de la economía de solidaridad, las experiencias de la economía popular, las cooperativas y muchas otras, es que hay un sexto factor, que es en estas experiencias mucho más importante, a veces, que estos cinco factores que aquí se encuentran. Y a ese factor nuevo lo llamamos el Factor "C", porque en la teoría económica los factores usan una letra. Lo llamamos Factor "C" porque con esta letra "C" comienzan en castellano, en inglés y en varios idiomas una serie de palabras que expresan ese contenido, esa realidad, que participa en la producción: Compañerismo, Cooperación, Comunidad, Compartir, Comunión, Colectividad, Carisma, Comunicación, en fin, un elemento de integración humana.

Hace algunos años, unos seis años, yo estuve en Caracas, en una reunión, con un pequeño grupo. Me invitaron a ver una pequeña organización, un taller solidario y yo empecé a hablar de este Factor C. Un viejito, un señor anciano, escuchaba muy atentamente. El, en un momento dado pidió la palabra y dijo:

- "Yo creo en este Factor C.

Y habló de toda la experiencia que había tenido durante muchos años en cooperativas, organizaciones económicas solidarias, que él había visto que funcionaban y salían adelante porque había ese elemento de solidaridad, de unión, de cooperación. Pero él dijo:

- "Yo quisiera pedirle, profesor, que ese Factor C lo pusiéramos con mayúscula".

- " ¿Con mayúscula?", le dije.

- "Sí, respondió. Porque para mí el Factor C es el Factor Cristo, porque el cristianismo es un llamado a la solidaridad, a la unión de los hombres".

En fin... A mi se me había olvidado decirles esto, pero de hecho, lo ponemos con mayúscula.

Pero la idea conceptual, teórica, es que es un elemento de cohesión, de unión, de fuerza, que sin ningún lugar a dudas, tiene una presencia en las empresas, unidades productivas, en las organizaciones comerciales y en las económicas en general. Que hace un aporte sustancial a la producción y que, por lo tanto, es un factor, o sea, es la solidaridad convertida en fuerza productiva. Es el hecho de que hacer las cosas con compañerismo, con unión, cooperación, con solidaridad profunda, hace que mejore el producto, que aumente la eficiencia y la productividad de esas actividades económicas.

¿CÓMO DESCUBRIMOS EL FACTOR C?

Nosotros descubrimos este Factor C haciendo un análisis técnico de muchas organizaciones solidarias en Chile, en las poblaciones populares, donde se habían creado talleres productivos solidarios, etc. Íbamos a visitar estas experiencias y no podíamos entender su funcionamiento analizándolas técnicamente con los datos acostumbrados. No podíamos entender cómo es que funcionaban, porque no nos cuadraban las cifras, no nos daba el resultado. Porque decíamos:

Los medios materiales con que trabajan y la financiación, o sea, el capital es mínimo, casi producen sin capital. Porque no se puede llamar capital a unos materiales de desecho, unas mesas viejas, un local que no era un local sino una casita, una pieza. O sea, cero capital o un capital muy pequeño.

La tecnología, el saber técnico de las señoras, de los jóvenes, de las personas que trabajaban en esas organizaciones era un saber parcial, muy insuficiente, incompleto. No era una tecnología de punta, moderna, sino que era un conocimiento verdadero, popular, de experiencia, pero siempre un conocimiento muy parcial.

La fuerza de trabajo no era la más productiva porque esas experiencias las formaban personas que no encontraban trabajo, porque en realidad sus fuerzas productivas eran menos eficientes. Entonces, no los contrataban por distintas razones: personas de edad, amas de casa que tenían dificultades para cumplir horarios de trabajo, en fin, lo que se llama fuerza de trabajo secundaria en la economía.

De **la financiación** ni hablar, porque era insignificante. No había plata para hacer las actividades.

La gestión: no eran personas acostumbradas a tomar decisiones económicas, que hubieran hecho estudios de administración de empresas, que fueran ejecutivos, que tuvieran capacidad gestionaria.

Sin embargo, en esas unidades económicas que estaban operando con todos estos factores tan escasos y de baja productividad, la productividad era mucho mayor a la suma de los factores. Eso para un economista no se entiende, porque la productividad, si es el resultado de la operación de todos los factores, es la suma de la productividad de cada uno de esos factores. Pero no cuadraba en lo absoluto, porque la productividad era mucho mayor que la productividad normal que se podía esperar de esa fuerza de trabajo, de esa tecnología, de ese capital tan bajo, etc.

Entonces, dijimos: aquí pasa algo, está interviniendo otro elemento productivo que no hemos considerado y vamos a ver cuál es. Y hablando con la gente lo que descubrimos es lo mismo que me han contado acá los compañeros cuando he visitado las experiencias. Descubrimos una cosa absolutamente obvia y simple. Y es que lo que da una tremenda fuerza y logra el resultado económico es la solidaridad. Es esa fuerza de hacer las cosas juntos, de hacerlas con espíritu, de hacerlas con unión, con cooperación, que es un factor que empieza a suplir las limitaciones de los otros factores y que logra sacar adelante experiencias con un plus. Un plus de productividad que le es inyectado a las unidades económicas. Y, por lo tanto, en teoría económica, no hay más vuelta que reconocer que existe y que es fundamental y entonces lo llamamos Factor C por las razones que les explicaba anteriormente.

Y después nos dimos cuenta de que fue una gran idea llamarlo Factor C, porque llamarlo solidaridad, no sé, pero, se manosea tanto esta palabra, se usa para tantas cosas, que al final no se entiende bien de qué se trata. Cuando hablamos del Factor C, no hay que explicar que no se trata de caridad, de beneficencia, sino que es hacer las cosas juntos, que es cooperación, que es una fuerza de unión, que es una fuerza de colectividad y que este elemento hace de esta economía, un economía distinta, una economía solidaria, porque al final es solidaridad. Podríamos llamarlo factor "S", pero, bueno, lo llamamos Factor C.

Este es el descubrimiento principal, desde la práctica de la economía cooperativa, comunitaria, colectiva, en fin, de la economía solidaria. Que no es ningún gran descubrimiento filosófico, porque todo el mundo sabe que allí donde hay unión, hay fuerza; y que incluso, ejércitos pequeños, cuando están muy unidos, ganan guerras contra ejércitos más poderosos. En definitiva, que la solidaridad es una gran fuerza, es una energía poderosa y que cuando esa energía de la vida cotidiana se introduce dentro de la economía, se convierte en un factor altamente poderoso, de alta productividad.

EL FACTOR C EN LAS EMPRESAS CAPITALISTAS

Si bien es cierto que en la teoría económica nunca se reconoció, ni se ha reconocido académicamente, excepto por las iniciativas que hemos logrado introducir en las universidades, este Factor C, en los hechos, los empresarios capitalistas saben de la importancia de este factor.

Este Factor C, igual que todos los factores, no es solamente un factor de la economía solidaria. Todas las formas económicas en alguna medida utilizan este Factor C. Si uno estudia administración de empresas, se aprende algo bien simple y es que las relaciones humanas dentro de las empresas son muy importantes y que tener un buen clima de relaciones humanas, donde haya compañerismo, adhesión a la empresa, unión, aumenta la productividad. Lo saben los que administran y dirigen las empresas.

Los japoneses hablan de la teoría "Z" que dice: integrar a las personas en la empresa, como si ésta fuera una familia. ¿Qué ocurre? Ocurre que ese Factor C, en las empresas capitalistas, es utilizado de manera instrumental, es un factor altamente explotado.

Las empresas que se dan cuenta que necesitan de Factor C, tratan de crearlo y entonces, para Navidad, fechas patrias, etc, hacen una fiestecita, le hacen un regalo a los trabajadores, organizan un club deportivo con el nombre de la empresa, o forman un departamento de personal poniendo un psicólogo de la empresa, o un asistente social que ayude a crear un clima de integración dentro de la misma. Lo hacen porque saben que cuando se mejora el ambiente interno, la productividad crece.

Aún tratándose de un Factor C de tan baja calidad como el que se logra con esos medios, hay que decir que con esos medios "medio engañosos" que usan, logran generar un cierto Factor C, pero un Factor C de baja calidad.

Baja calidad puede haber en todos los factores. Puede haber una tecnología de baja o de alta calidad. Lo mismo ocurre con el Factor C, puede haber Factor C de baja calidad y Factor C de alta calidad. El que se logra en las empresas capitalistas es un Factor C de bastante baja calidad, pero que se necesita. Sin ese Factor C, igual que sin tecnología, o sin cualquier otro factor, no se puede producir.

Lo más complicado de esto, y es la razón por la cual la teoría económica nunca lo ha reconocido a pesar de que lo reconozca la teoría de administración de empresas, es que el Factor C no es remunerado. La teoría económica dice que todos los factores aportan a la productividad y que, por lo tanto, a todos los factores hay que pagarles lo que corresponde por su aporte a la productividad.

Según eso: la tasa de interés es lo que viene a pagar el aporte de productividad del financiamiento. La renta de la tierra, de los locales, etc. es lo que viene a pagar la productividad de los bienes materiales. Las patentes, los royalties, pagan la tecnología. Los honorarios y otros tipos de participaciones se pagan a quienes gestionan las empresas. El salario paga la fuerza de trabajo. Todos los factores son remunerados. La teoría económica dice: a cada factor se le paga según su productividad, o sea, que es justo el sistema porque cada uno gana según su aporte.

Nosotros sabemos que no es así. Sabemos que hay factores que aportan mucho a la productividad y se les paga muy poco. Por ejemplo, el trabajo. Eso lo descubrió Marx, hace muchos años cuando dijo que se produce una plusvalía y que el trabajo es explotado. Es decir, que el trabajo aporta 10 a la producción y se le paga solamente 6 o 7 y, entonces, queda toda esa diferencia que va acumulando el dueño de la empresa.

A este Factor C no se le paga nada. Aporta y no obtiene ninguna recompensa, ninguna remuneración, porque ni siquiera se le reconoce.

Si bien es cierto que este Factor C, factor solidario, Factor Comunidad, es el más explotado dentro de la economía capitalista, es tan explotado que se lo oculta y que no se le paga nada, porque la empresa no invierte, no remunera a la comunidad como tal.

Las empresas usan todos estos factores pero en distintas proporciones. Hay empresas que usan mucho capital, muchos medios materiales, mucha tecnología y, otras, mucha fuerza de trabajo. O sea, que hay empresas que son intensivas en uno u otro factor. Hay empresas intensivas en fuerza de trabajo, por ejemplo, cuando emplean grandes cantidades de trabajadores, con medios materiales muy rudimentarios y pequeñas cantidades de capital. Se dice que son empresas intensivas en fuerza de trabajo. Y otras empresas usan mucho capital y poca fuerza de trabajo. Son intensivas en capital. Porque los factores pueden sustituirse unos con otros. Yo puedo sustituir trabajo con capital o con maquinaria. Pero también puedo sustituir maquinaria con trabajo. Puedo sustituir tecnología (conocimiento) con gestión o gestión con tecnología.

EMPRESAS INTENSIVAS EN FACTOR C

Y entonces descubrimos que hay empresas intensivas en nuestro Factor C. ¿Por qué? porque utilizan como su gran fuerza, como su fuerza principal este factor, y con este Factor C se reemplazan las limitaciones que se tenga de los otros factores. Se sustituyen carencias que tengan los otros factores porque se dispone de ellos en pocas cantidades o porque es de baja calidad. Por ejemplo, se sustituye tecnología, es decir, se aumenta la productividad del elemento tecnológico compartiendo conocimientos, trabajando en equipo, inventando de manera creativa soluciones que surgen mediante el compartir conocimientos parciales y pensando en equipo cómo resolver ciertos problemas.

Es increíble la creatividad que se genera en las personas cuando se juntan con seriedad para enfrentar un problema tecnológico que deben resolver. Es el Factor C que supera la parcialidad de los conocimientos que tienen las personas individuales. Conocimientos parciales fragmentarios se juntan y se produce algo que genera tecnología. Por eso hablamos que la tecnología permeada por la forma "C" es tecnología socialmente apropiada, o sea, son las tecnologías desarrolladas de manera social, en las cuales todos comparten el saber.

¿Qué pasa con la gestión? También la falta de conocimientos técnicos de administración, de manejo de mercado, manejo de computadoras, de habilidades incluso para decidir y mandar... esas limitaciones que existen en el mundo popular y en muchas experiencias solidarias, son superadas mediante el hacer las cosas juntos, el tomar las decisiones de manera colectiva, tomar decisiones en grupo. Eso que llamamos autogestión.

¿Qué pasa cuando se toman decisiones en forma asociativa, solidaria, colectiva, que es lo mismo que en la forma "C"?. Que se toman mejores decisiones, las decisiones se ejecutan mejor porque cada uno ayudó a tomarlas, cada uno sabe cuál es el papel que le toca a él en cumplirlas, y además se superan las limitaciones que tendría cada uno para tomar decisiones. Incluso se refuerza el poder, porque la gestión es un poder. Para mandar se necesita desarrollar ciertas características, incluso psicológicas.

Todas esas limitaciones o carencias se superan mediante hacer las cosas juntos. La responsabilidad de decidir algo es tomada por todos, por lo tanto hay una seguridad, al tomar la decisión, aunque sea tan duro, como la de expulsar a alguien de una organización. Si yo voy a expulsar a alguien me va a costar, voy a sufrir, no voy a ser capaz de tomarla, le voy a tener miedo a la persona que tengo que echar. En cambio, si la decisión la tomamos entre todos, el Factor C potencia esa capacidad de gestión.

Lo mismo pasa con la financiación y parece un poco raro, pero es increíble como el modo 'C' del financiamiento es poderoso. Cien dólares puestos por mil personas son cien mil dólares. Una actividad para recabar fondos realizada por un pueblo entero, organizado, por una comunidad, lo genera. Se superan las insuficiencias. Yo he visto experiencias de gente muy pobre, que no tiene crédito, que no tiene plata ni para comer y, sin embargo, es capaz de juntar un financiamiento sobre la base de una motivación colectiva que surge de alguna parte. Es la forma "C", o sea, el compartir la búsqueda de financiación, que después puede manifestarse en cooperativas financieras, porque estos factores van desarrollándose: de ahorro y crédito, fondos rotatorios, etc. Pero siempre es la forma "C" del financiamiento, el hacerlo de una forma participativa, solidaria, colectiva, donde todos se sienten parte de ello.

También hay una forma "C" de los medios materiales. ¿Cuál es la forma "C" de los medios materiales? La propiedad asociativa, cooperativa o común. Es tener los medios materiales que no son "esto es mío" sino "esto es nuestro" o, a veces, una parte es mía, otra parte es tuya, pero las ponemos juntas y cooperamos. Entre todos formamos un medio material que al final es asociativo y colectivo.

Es entonces, cuando cada uno de estos factores adquiere la forma "C", que tenemos empresas que son solidarias.

CADA FACTOR TIENE SU PROPIA LÓGICA

¿Qué es una empresa capitalista? Es una empresa que está organizada por el factor financiación, y en la que este factor le da su forma a todos los demás. ¿Cómo le llama el capitalista a la fuerza de trabajo o a la tecnología? Le llama capital, le llama capital humano. La tecnología es considerada parte del capital. A todos los factores les da la forma de capital. ¿Cómo les da forma de capital? Porque los mide en "platita", en dinero. "Esto será fuerza de trabajo pero a mi no me importa, como capitalista, para mi son los cien mil pesos que pago por cada trabajador". Esa es la forma que tiene la fuerza de trabajo para el capitalista. El contenido del trabajo no es una persona concreta que trabaja, que tiene sus necesidades y que ejerce su imaginación y su fuerza, sino que son los cien mil pesos que le cuesta el trabajador.

Una empresa solidaria es la que está organizada por este Factor C. Hay empresas que están organizadas por el factor gestión. Es la gestión la que da su forma a los demás factores. Las empresas de economía solidaria son aquellas que están organizadas por una comunidad, por un colectivo, por un grupo, es decir, por este elemento "C".

Nosotros decimos: economía de solidaridad y trabajo, porque entre el trabajo y la solidaridad hay vínculos muy estrechos. No es lo mismo una empresa de trabajadores que una empresa de comunidad, o una empresa de solidaridad o "C". Porque la lógica que resulta del hecho de que uno u otro factor sea el elemento organizador, es diferente.

Por ejemplo, una silla mirada desde los distintos factores, es realmente algo distinto.

¿Qué mira en la silla el financiero? Observa la silla, la evalúa y dice:"esta silla vale veinte mil pesos".

¿Qué mira de la silla el tecnólogo? A él no le interesa el valor monetario. El ve en la silla el diseño, unos materiales, una resistencia que pueda tener. Ve el elemento tecnológico (el conocimiento) que está incorporado a la silla.

¿Qué mira de la silla el trabajador? Lo que costó producirla a quien la hizo. El trabajo que está incorporado allí. Ve las horas de trabajo que costó producirla.

¿Qué mira el administrador, el que gestiona? Mira en la silla el ítem de un inventario y la cosa sobre la cual él puede decidir.

¿Qué es lo que ve en esa silla la comunidad, el Factor C? Ve la silla como un elemento de la comunidad. Es parte de la comunidad, es lo que nos permite reunirnos en esta sala, compartir ciertas ideas. Es algo que es de todos, es nuestra propiedad, que la utilizamos en beneficio de nuestras necesidades, en que son sentarnos para conversar, etc.

Así como en esta silla cada uno de los factores ve algo distinto, en la economía, desde cada uno de estos factores se ve algo distinto. La economía capitalista está organizada por el factor financiero, que ve capital en todas partes. La economía burocrática, la economía estatal, es aquella que ve un elemento de administración en todas partes, eso es una economía estatal.

Desgraciadamente hay cooperativas que no son empresas de Factor C, ni de trabajadores, sino que son un grupo, un pequeño grupo de personas que tiene una capacidad de administración y son gerentes, ejecutivos, gestores que tienen una empresa donde los trabajadores pueden ser contratados. La comunidad es socia, pero no participa, no se siente parte, entonces es una empresa del factor "G", de Gestión.

CÓMO ES UNA EMPRESA DE LA ECONOMÍA DE SOLIDARIDAD

La empresa de la economía solidaria es una empresa en la cual la solidaridad, la comunidad es el factor principal. Ahora, obviamente, en toda empresa y también en la solidaria, todos los factores tienen que estar presentes. Pero son empresas intensivas en Factor C e intensivas en trabajo; son esos los dos factores principales.

Por eso, yo les decía al principio, preferimos hablar de economía de solidaridad y trabajo, porque es más exacto. Porque no es economía organizada sólo por el factor Factor C, sino que es hecha de trabajo, de trabajo asociativo, de trabajo realizado en común. Son los dos principales factores productivos, son los que tenemos en mayor proporción. Con estos factores reemplazamos las limitaciones que tenemos en conocimientos tecnológicos, o de financiación, o de capacidad de gestión.

Esa es la economía de solidaridad. Una economía donde estos dos factores - Factor C y fuerza de trabajo - son intensivos, y no solamente son intensivos sino que son los elementos organizadores, son los elementos que le dan su forma. El saber es un saber compartido, es la forma "C" de la tecnología.

SEIS RACIONALIDADES DISTINTAS

Ahora, esa economía organizada por ese factor "C" es una economía que adquiere otra racionalidad económica y esto es lo que nunca los economistas han entendido.

Los economistas convencionales dicen que la racionalidad económica es la racionalidad económica capitalista, la de las empresas organizadas por el factor financiero. Dicen que todas las otras formas de organizar empresas son distorsiones que reducen la racionalidad económica.

Por otra parte, los estatistas que hablan de las empresas públicas, que en el fondo son empresas organizadas por el poder, porque la gestión es factor poder, dicen que la única racionalidad es aquella donde todo debe ser organizado por un organismo técnico. Por tanto, tampoco reconocen otras racionalidades.

La verdad es que hay en la economía seis racionalidades distintas que tienden a asociarse en pares.

La **racionalidad capitalista** es la que se funda sobre la base de estos dos principales factores: financiación y medios materiales de producción. La racionalidad capitalista principal es la que refuerza y valoriza estos dos factores y a los otros los explota, o sea, los remunera menos de lo que aportan.

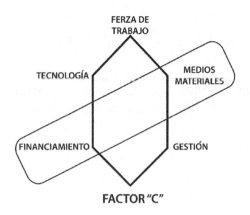

FACTOR "C"

La **racionalidad de la economía planificada centralmente** es la de una economía fundada en estos dos factores: en el saber -que tienen los técnicos que planifican- y en el poder que tienen los administradores, las personas que tienen el poder.

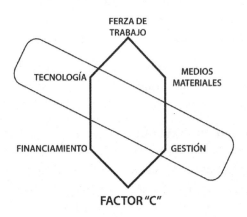

FACTOR "C"

La **racionalidad de la economía de solidaridad y trabajo** es aquella que se funda sobre el factor fuerza de trabajo y sobre el Factor Comunidad. El trabajo estrechamente relacionado con la comunidad. Estos son los principales factores humanos.

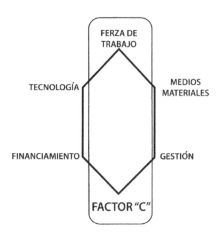

Por eso decía que hay seis racionalidades. Y si uno empieza a hilar más fino, no es exactamente la misma, la racionalidad de las empresas de trabajadores, que la de las empresas del Factor C. A veces hay ciertos elementos de racionalidad económica distintos. Por ejemplo, el sistema de remuneración de trabajo desde el factor trabajo es muy distinto al sistema de remuneración del trabajo desde el Factor C. Porque el sistema de trabajo del Factor C tiende a reforzar la comunidad, porque es este el elemento central. El sistema de remuneración, basado en la lógica del factor trabajo, tiende a reforzar la remuneración individual de las personas en proporción a la productividad de cada

119

uno. En la lógica del Factor C hay una remuneración del trabajo más equitativa, más igualitaria. No es que en el factor trabajo la remuneración sea injusta porque el que trabaja más y aporta más, recibe más y tiene más responsabilidades. Estoy ejemplificando cómo son las racionalidades económicas para que esto nos permita entender las diferencias que existen en el mundo de las empresas asociativas, cooperativas.

En la economía de solidaridad, hay algunas que ponen más énfasis en la lógica del factor "C" y otras más énfasis en la lógica del factor trabajo, pero en ambas están presentes siempre estos dos factores. Pero hay otras empresas, yo les ponía el ejemplo de algunas cooperativas, en las cuales no hay énfasis en ninguno de estos dos factores (Factor C y factor trabajo), sino que están en la lógica burocrática, gerencial de administración, y hay también empresas cooperativas que están en la lógica de la tecnología. Es el saber lo que determina quién dirige la empresa, cómo se toman las decisiones, quién obtiene las utilidades de la empresa.

Esto en términos muy generales, con respecto a la producción, también se expresa en la distribución, porque hay distribución con solidaridad (forma o modo 'C'), y distribución competitiva (forma o modo capitalista), donde lo mío es mío y siempre busco ganar a costa del otro. Hay distribución más compartida, o más estricta de acuerdo al aporte de cada uno, que es la lógica del trabajo, o la lógica del que sabe más (factor tecnológico). Y hay también procesos de acumulación en estos distintos factores.

LA ACUMULACIÓN ECONÓMICA

La acumulación económica consiste en el proceso a través del cual se reproducen los factores, para aumentar la producción en el futuro.

El análisis de los circuitos económicos es muy simple:

PRODUCCIÓN

ACUMULACIÓN   DISTRIBUCIÓN

CONSUMO

La acumulación es lo que permite reproducir el proceso de producción de manera ampliada, o sea, se acumula aquello que se logra no consumir, no gastar en el proceso, sino que es un excedente.

El proceso de acumulación, por lo tanto, es un proceso que reproduce los factores económicos. Los reproduce de manera ampliada. Naturalmente que cada unidad económica, para poder ampliar su productividad, para progresar y mejorar su proceso, necesita ampliar, reproducir todos sus factores y tiene que preocuparse porque ninguno de estos factores se le quede atrás.

121

Reproducir la fuerza de trabajo significa poder contar con una fuerza de trabajo más cualificada, con más trabajadores que han perfeccionado las capacidades productivas que han aprendido.

Reproducir la tecnología es el aprendizaje de modos mejores y más eficaces de hacer las cosas, nuevas técnicas, nuevos conocimientos.

La reproducción de los medios materiales es la compra, la inversión en más tierras, construir un edificio, comprar una máquina nueva, etc.

La reproducción de la gestión es mejorar los sistemas de toma de decisiones.

La reproducción del financiamiento es ir armando una reserva, una caja de financiación creciente.

Y la reproducción del factor "C" – fundamentalísimo para las economías solidarias - es ampliar, perfeccionar, mejorar los vínculos humanos, el compañerismo, la unión, la red con otras experiencias, porque es muy importante reproducirlo.

ACUMULANDO FACTOR "C"

Nos ocurría en Chile, siempre viendo las experiencias de economía solidaria, populares, que llegábamos a ellas los economistas, los administradores a tratar de ayudar, porque teníamos conceptos económicos (antes de darnos cuenta de que no nos servía de mucho lo que habíamos aprendido, porque no nos explicaba nada). Pero, entonces, antes de entender esto del Factor C, veíamos que la gente de alguna organización hacía una cosa tan absurda para nosotros como por ejemplo: ganaban una cantidad de dinero, formaban un fondo, y nosotros estábamos muy contentos, porque les iba a servir para comprar una máquina o invertir en publicidad. Y en vez de hacer eso, la gente organizaba una fiesta, o hacían un almuerzo, organizaban una convivencia...

Entonces, nosotros decíamos: ¿pero cómo puede ser? Es que no entienden que así están perdiendo lo ganado, que tienen que acumular, y que si no se van a descapitalizar. !Compren una máquina!, están perdiendo la plata haciendo una fiesta, organizando una convivencia.

Después nos dimos cuenta de que la gente era muchísimo más sabia y operaba con una lógica económica que no era la de hacer una fiesta porque le gustaba pasarlo bien. Necesitaban hacer una fiesta para poder seguir funcionando, para resolver problemas internos, para mejorar el ambiente. Si no hacían la fiesta les aseguro que ese taller quebraba. Hacían la fiesta, se reforzaba el Factor C y seguían trabajando. Si hubieran comprado la máquina, juntando plata, en vez de hacer la convivencia, esa empresa hubiera fracasado al poco tiempo, porque el Factor C era allí el factor principal.

La acumulación económica, es una acumulación que se hace en todos los factores. Y naturalmente, para las empresas de la economía solidaria, que también acumulan en los otros factores (mejoran su maquinaria, sus conocimientos, pueden mejorar sus locales, comprar tierras, etc), lo principal, lo más importante que deben desarrollar para no perder su lógica de economía solidaria y para no perder su eficiencia, es acumular en los factores principales que ellas tienen: Factor C y factor trabajo.

Yo he conocido empresas que empiezan a acumular en esos otros factores, generalmente aconsejados por técnicos externos (que han aprendido en la Universidad otra lógica económica) o estimulados por lógicas de créditos de financiamiento. Porque a veces los gobiernos, los bancos, creen que con plata se resuelven todos los problemas y dan mucho crédito a las experiencias económicas.

Entonces, estimulados o por consejos de asesores, o por facilidades para acumular en los otros factores, desarrollan un proceso de acumulación centrado en éstos, descuidando el Factor C, o descuidando el perfeccionamiento de la fuerza de trabajo, que es perfeccionamiento no sólo en capacidad, sino también en ganas de trabajar. Porque la fuerza de trabajo como se realiza es trabajando. No sólo es tener capacidad de trabajar, sino ejerciendo concretamente la voluntad de hacer las cosas y hacerlas bien. Entonces, sucede que se pierde este Factor C.

ACUMULAR FACTORES EQUIVOCADOS

En muchas cooperativas, no sé si aquí, pero he visto en otros países, ocurre que descuidando y olvidando el Factor C y perfeccionando la productividad de otros factores, van dejando de ser empresas solidarias, o sea, pierden la lógica de la economía solidaria, o bien fracasan.

Es tan necesario este factor que cuando falta, por mucho dinero que tengan o más tecnología, fracasan. Y yo puedo asegurarlo, porque he visto muchas experiencias, y creo que alguno de ustedes también tiene que haber visto experiencias de cooperativas que fracasan. A pesar de tener muchos buenos factores financieros o de gestión, contratan a veces un gerente, tienen un ingeniero, bastantes créditos, y sin embargo, fracasan. Fracasan porque les están faltando calidad en estos dos factores (el Factor C y el factor trabajo) que son de su propia lógica.

No es que yo quiera decir que la acumulación tenga que hacerse solamente en el Factor C y que toda la "platita" que se gane se lleve en fiestas. Lo que quiero decir es que todo el crecimiento tiene que ser un crecimiento orgánico. Un crecimiento donde se invierte en el desarrollo de todos los factores y cuando digo invertir no digo, necesariamente, sacar plata y comprar cosas. Invertir significa dedicarle tiempo, dedicarle esfuerzo para mejorar la tecnología, para aprender.

La tecnología se puede comprar. Se puede comprar el libro, pero hay que leerlo, estudiarlo para entenderlo. Se pueden hacer cursos de gestión, pero, sin embargo, uno no mejora su capacidad de tomar decisiones porque le falta criterio, porque le falta fuerza de voluntad o por muchas otras razones. Lo mismo pasa con el Factor C.

Invertir significa hacer crecer los factores, no necesariamente en el sentido monetario, sino aumentar la productividad de estos factores; pero en la economía solidaria es fundamental la acumulación en este Factor C y en el factor de trabajo. También en los otros, pero sin perder la intensidad de éstos.

Hay empresas que pierden su lógica, y con ello pierden gran parte de su productividad, porque, de hecho, este Factor C es altamente productivo. Alguien dice que el factor más productivo es la tecnología. Yo creo que lo más productivo es este Factor C. El factor tecnológico es altamente productivo, se aumenta mucho la productividad con nuevos conocimientos, pero el Factor C - cuando es de buena calidad - es un factor que demuestra en la práctica tener una potencialidad productiva impresionante, más alta que otros factores, de tal manera que la pérdida de Factor C hace muy ineficientes a muchas unidades económicas que antes no lo eran.

Bueno, esto es en lo que yo podría resumir sobre esta lógica económica, desde este pensar sobre la economía de solidaridad con los criterios propios de la ciencia económica, o sea, aplicando los mismos conceptos de factores, productividad, eficiencia, pero reformulados, y en este caso solamente a partir de esta idea básica que es reconocer esa realidad tan obvia de que la unión es fuerza productiva, un factor que tiene su propia productividad y, que además, ayuda a mejorar la productividad de cada uno de los demás factores.

V

MODELO DE OPTIMIZACIÓN SOCIAL DE COBERTURA Y CALIDAD *

PLANTEAMIENTO DEL PROBLEMA

Un importante asunto de política económica, en función de aumentar el bienestar y mejorar la calidad de vida de la población, consiste en identificar la mejor combinación (o tamaño) en que operen los sectores Estado y Mercado, en términos de la cobertura y la calidad de las prestaciones que ambos sectores ofrecen a la población para atender sus necesidades de educación, salud, vivienda, etc. En otras palabras, cuánto Mercado y cuánto Estado son convenientes en orden a optimizar tanto la cobertura social como la calidad de los servicios que ofrecen en conjunto ambos sectores a la población.

- - - - - - -

*(Publicado en **Nueva Economía**, Revista de la Academia Nacional de Ciencias Económicas, Caracas, Venezuela, año XV, N° 26, 2006).*

La "cobertura" la entendemos y medimos como el porcentaje de la población atendida o que accede a los bienes y servicios; y la "calidad" la entendemos como el grado de satisfacción de las necesidades que proporcionan los bienes y servicios ofrecidos, y la medimos por el monto promedio de los recursos invertidos en la producción y provisión de esos bienes o servicios.

El tema de la cobertura y calidad de las prestaciones puede referirse al conjunto de los bienes y servicios en cuya provisión y oferta participan ambos sectores, o bien y especialmente, a la atención de las necesidades de educación, o de salud, o de vivienda, o de transporte, etc. consideradas cada una independientemente.

Habitualmente el debate ideológico y/o de política económica tiende a considerar separadamente los temas de la cobertura y de la calidad, y a ver también separadamente las ventajas y desventajas de los sectores Mercado y Estado. En esos términos, suele afirmarse por ejemplo, que es función del Estado, por un lado incrementar la cobertura de sus prestaciones (a través de políticas sociales), y por otro aumentar la calidad de las prestaciones que ofrece el Mercado (mediante la jación de regulaciones más exigentes).

El problema es que, dada la restricción de recursos disponibles, por un lado el incremento de la cobertura de las prestaciones efectuadas por el Estado implica disminuir la calidad de ellas, y por otro lado las exigencias de mayor calidad de las prestaciones que puedan hacerse al Mercado implican disminuir la cobertura de éste.

Al considerar conjuntamente los dos sectores (Mercado y Estado), y simultáneamente los objetivos de ampliar la Cobertura y de mejorar la Calidad, se torna posible identificar un ÓPTIMO SOCIAL, en términos de proporcionar un máximo de cobertura y un más alto y homogéneo nivel de calidad de las prestaciones que se ofrecen a la población.

Es lo que pretendemos clarificar y precisar con el presente MODELO DE OPTIMIZACIÓN, que formulamos en primera instancia distinguiendo los sectores Estado y Mercado, y luego integrando al modelo un tercer sector que denominamos **Sector Solidario**.

SUPUESTOS DEL MODELO

Como en todo modelo teórico, es necesario identificar y precisar algunos supuestos básicos, que si bien no corresponden exactamente a la realidad - que presenta siempre estructuras más complejas y situaciones intermedias -, constituyan una buena aproximación a la realidad misma y a los criterios que orientan las decisiones de quienes emplearán el modelo para definir las políticas pertinentes. En nuestro caso proponemos los siguientes supuestos:

1.- El sector Mercado atiende las demandas solventes,

orientándose por lo tanto preferentemente hacia la población de mayores ingresos.

2.- El sector Estado se hace cargo de las necesidades no satisfechas por el Mercado, que corresponden a la población de menores ingresos.

3.- Existe libre acceso y desplazamiento de las personas entre los dos sectores, de modo que, buscando mejorar la satisfacción de sus propias necesidades (bienestar y calidad de vida), cada persona opta por la mejor calidad de las prestaciones que le permite su nivel de ingresos.

4.- A mayor concentración del sector Mercado, menor es la cobertura social de las necesidades que atiende (y mayor es la población que demanda cobertura al sector Estado).

5.- La calidad de las prestaciones (bienes y servicios) es proporcional a la cantidad de recursos empleados en su producción y oferta.

6.- Existe una dotación determinada de recursos disponibles en cada uno de los sectores, de modo que, a mayor cobertura social de sus prestaciones es menor la calidad de las mismas.

7.- La calidad de las prestaciones del sector Mercado es superior a la del sector Estado, pues sólo bajo tal condición las personas estarán dispuestas a solventar sus necesidades en el sector Mercado, frente a la alternativa de satisfacerlas sin (o a menor) costo en el sector Estado.

8.- Se fija un nivel de calidad mínima aceptable, de modo que dada la restricción de los recursos disponibles, permanece un sector de la población excluida de las prestaciones.

Considerando este conjunto de supuestos, se verifica la situación representada en la Figura 1:

Figura 1. *Óptimo Social de Cobertura y Calidad*

Modelo de 2 sectores, estático.

(Identifica en las flechas sobre la absisa las combinaciones posibles)

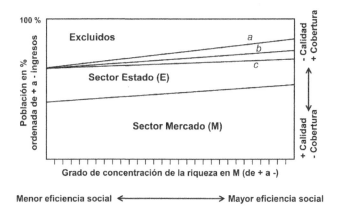

ANÁLISIS TEÓRICO

En la Figura 1, se identifican los diferentes niveles de cobertura y calidad, para las distintas combinaciones de los sectores Estado y Mercado.

De acuerdo con los supuestos del Modelo, observamos en la figura lo siguiente:

Sobre la absisa (X) están representados los distintos grados de concentración que puede tener el sector Mercado. Dada una dotación constante de recursos, se observa que la menor cobertura y la mayor calidad de las prestaciones de este sector, se verifica en las situaciones de mayor concentración de la riqueza, y viceversa.

Sobre la ordenada (Y) está representada la población, en porcentajes, ordenada de abajo hacia arriba según sus niveles decrecientes de ingresos. De este modo se observa que la población es atendida en niveles decrecientes de calidad de las prestaciones, a medida que aumenta la cobertura de la población atendida.

Dada una dotación constante de recursos en cada sector (Mercado y Estado), se observa que a menor concentración de la riqueza en el sector Mercado, éste provee una mayor cobertura, aunque el nivel de calidad medio de sus prestaciones sea inferior.

En correspondencia con ello, cuando la cobertura del sector Mercado es mayor, el sector Estado puede proveer prestaciones a sectores sociales de menores ingresos, aumentando la cobertura total (M + E)

El Estado puede responder a un aumento de cobertura del Mercado de varios modos: a) aumentar su área de cobertura (mayor cantidad de prestaciones), aunque disminuyendo la calidad de ellas; b) mantener la cantidad de prestaciones y también la calidad de las mismas; c) disminuir la cantidad de sus prestaciones, pero aumentando la calidad de ellas. En los tres casos (representados en la gura por las pendientes de a, b y c), se observa que se cumple un aumento de la cobertura total del sistema (M + E) , disminuyendo el porcentaje de la población excluida.

Figura 2. **Óptimo Social de Cobertura y Calidad**

Modelo de 2 sectores (La línea entrecortada identifica la combinación óptima)

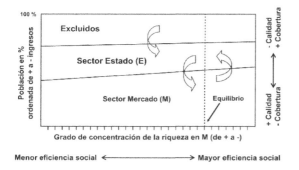

En la Figura 2 se observa la determinación del Óptimo Social de Cobertura y Calidad, en una combinación de los sectores tal que el Mercado opera con alta cobertura y menor calidad media (situación de baja concentración de la riqueza), mientras que el Estado opera con una menor cobertura social y una superior calidad de sus prestaciones.

Ello se obtiene en cuanto se verifica que:

Al bajar el costo de las prestaciones del Mercado, una parte de la población que atendía el Estado opta por la superior calidad de las prestaciones del Mercado. De este modo el sector Estado libera recursos y puede integrar a parte de los excluidos, mejorando al mismo tiempo la calidad de sus prestaciones.

Hay, sin embargo, un límite de equilibrio, que identifica el Óptimo Social de cobertura y calidad que se logra en la combinación entre los dos sectores, que está dado en el punto en que el Mercado no puede aumentar su cobertura sin disminuir la calidad de sus prestaciones por debajo de la calidad que ofrece el Estado. En efecto, en dicho punto las personas preferirían las prestaciones del Estado, que obtendrían a menor costo y mayor calidad que lo que puede ofrecerles el Mercado.

BAJANDO A LA REALIDAD

En la Figura 3 observamos el proceso dinámico que parece ocurrir en muchas sociedades latinoamericanas, afectadas por la hipercompetencia que implica la inserción de estas economías en los procesos de globalización.

Figura 3. Tendencias de Cobertura y Calidad cuando el Mercado tiende a la concentración *(modelo   dinámico)*

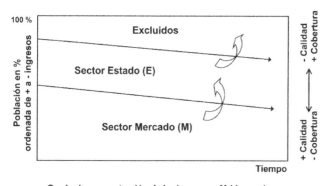

Grado de concentración de la riqueza en M (de - a +)

Se observa, en efecto, un proceso tendencial de concentración de la riqueza como dinámica del sector Mercado, implicando los siguientes hechos:

Se incrementan las exigencias de calidad de los bienes y servicios que constituyen las prestaciones del sector Mercado.

Disminuye la cobertura social de las necesidades atendidas por el Mercado, lo que presiona al Estado a ampliar su cobertura sin disminuir la calidad de sus prestaciones.

En consecuencia de los dos puntos anteriores, se incrementa el porcentaje de la población excluida.

Figura 4. Tendencias de Cobertura y Calidad cuando el Estado interviene en la operación del Mercado.

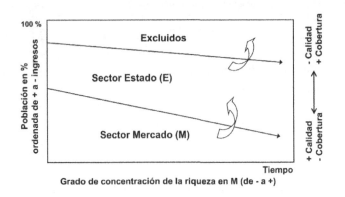

En la Figura 4 observamos un caso particular, que también ocurre en algunos países latinoamericanos, en que el deterioro de la cobertura social es causada esta vez por políticas públicas que presionan, sea a la reducción del sector Mercado por aumento de las barreras de ingreso de nuevos agentes privados, sea hacia el incremento de las exigencias de calidad de las prestaciones del Mercado por vía de más estrictas regulaciones, sea hacia el aumento de la cobertura de las prestaciones del propio Estado.

En el caso que las políticas económicas acrecientan las barreras y dificultan el ingreso de nuevos actores al Mercado, se reduce el tamaño del sector y disminuye la cantidad y calidad media de las prestaciones en este

138

sector. Si el sector Estado mantiene su propio nivel y calidad de prestaciones, aumenta el porcentaje de población excluida.

En el caso que el Estado establece regulaciones al Mercado que le exigen una superior calidad de sus prestaciones, si bien el sector Mercado mantiene su tamaño, se reduce la cobertura social de sus prestaciones, viéndose el Estado presionado a incrementar su propia oferta y cobertura. Como no puede hacerlo sin afectar el nivel de calidad de sus propias prestaciones, disminuye la cobertura total, o sea, aumenta el % de la población excluida.

En el caso que el Estado incremente sus recursos y aumente la cobertura de sus prestaciones o realice un mejoramiento de la calidad de ellas, mediante un incremento de los impuestos que gravan al sector Mercado, éste verá disminuir la demanda de sus propias prestaciones, disminuyendo su propia cobertura y orientándose consecuentemente hacia un % (menor) de población de más altos ingresos. También aumenta la población excluida.

¿ESTAMOS FRENTE A UN PROBLEMA SIN SOLUCIÓN?

Las mencionadas tendencias hacia la reducción de la cobertura total y en consecuencia al aumento de la población excluida de las prestaciones sociales parecen inevitables. Conviene comprender en profundidad las razones de ello, a saber:

La hipercompetencia capitalista en el contexto de los procesos de globalización determina una tendencial concentración de la riqueza. Este proceso se viene dando por varias décadas y no se ven razones para esperar que se revierta o interrumpa.

La tendencia a acrecentar las regulaciones nacionales e internacionales, con el objeto de satisfacer exigencias de acreditación de calidad, normas ambientales, laborales, comerciales, etc. intencionadas a alcanzar estándares internacionales, continúa acentuándose y no parece un proceso que pueda detenerse.

Las dinámicas del mercado, asociadas a la acelerada innovación tecnológica, introducen en el mercado bienes y servicios de creciente calidad que rápidamente sustituyen a los anteriores, que son declarados obsoletos. La difusión de los nuevos productos eleva las exigencias de los consumidores y usuarios, primero en el mercado, pero rápidamente las exigencias se trasladan también hacia el sector Estado, que se ve presionado a proporcionar prestaciones de calidad constantemente superior, implicando costos crecientes.

Intentando contrarrestar los efectos de las anteriores tendencias sobre su propio desempeño, el Estado suele incrementar los impuestos que gravan al sector Mercado con el fin de disponer de más recursos.

SOLUCIONES IMPROBABLES:

Para evitar que aumente tendencialmente la exclusión social (y aumente la cobertura y calidad de las prestaciones sociales), es necesario un incremento bastante elevado (sostenido y acelerado) de los recursos disponibles, tanto por el Mercado como por el Estado. Tal crecimiento de la economía debiera ser por cierto mayor al incremento de la población, más lo que sea necesario para reemplazar la disminución tendencial de la cobertura, en los nuevos y superiores niveles de calidad exigidos.

Un crecimiento económico tan elevado puede darse y se ha verificado en algunos países, pero requiere elevados niveles de ahorro y de inversión. Hay que tener en cuenta que el ahorro interno es muy difícil de realizar en un contexto presionado por grandes exigencias de ampliar la cobertura y calidad de las prestaciones sociales; por lo tanto, de no mediar circunstancias coyunturales especiales (como un fuerte aumento del precio de las exportaciones, que dificilmente perdura en el largo plazo), el crecimiento deberá en gran parte sostenerse sobre créditos e inversiones extranjeras. Pero es sabido que éstas tienden a acentuar la concentración de la riqueza y los ingresos, por lo que el efecto positivo del crecimiento tenderá a compensarse negativamente por los efectos que hemos detectado que derivan de dicha concentración, esto es, disminución de la cobertura y aumento de las exigencias de calidad de las prestaciones, con la consiguiente retroalimentación de la exclusión.

Otra esperanza de solución del problema es la innovación tecnológica, que como es sabido tiende a reducir el costo unitario de la producción de los bienes y servicios, lo que permite mejorar la calidad de las prestaciones sin disminuir su cobertura social (en ambos sectores).

Para que tenga los efectos esperados en términos de nuestro asunto, esto es, que permita ampliar la cobertura y calidad de las prestaciones sociales en que participan ambos sectores (o sea, en las áreas de la educación, la salud, la vivienda, etc.), es necesario que la innovación tecnológica se manifieste precisamente en dichas áreas, pues sólo en tal caso aportará a la reducción de sus costos unitarios.

Ahora bien, éstas son áreas en que – si bien pueden aprovecharse innovaciones generadas en otras, como es el caso del empleo de equipos computacionales en la educación, o de equipos médicos en la salud -, la innovación tecnológica tiene un alto contenido de aprendizaje humano y de capacitación, cuya realización requiere procesos de largo plazo, tiene costos elevados, y no siempre conlleva una reducción de los costos unitarios de las prestaciones (suele incluso ocurrir al revés, por el mayor valor de los recursos humanos implicados). En estas áreas podemos esperar como efecto de la innovación tecnológica, sin duda un mejoramiento de la calidad de las prestaciones, pero no necesariamente una ampliación de la cobertura y una reducción de la exclusión social.

No queremos extraer del conjunto de los análisis expuestos una conclusión negativa, en el sentido que estemos atrapados ante un problema que no tiene solución posible. Pero hay que reconocer algunos hechos esenciales:

Los problemas de la exclusión social y del mejoramiento del bienestar y calidad de vida de la población, no se resuelven por el camino que se ha intentado hasta ahora y que a muchos parece obvio, de expandir las funciones del Estado en términos de ampliar la cobertura y calidad de sus prestaciones sociales; menos aún si ello implica afectar la cobertura y calidad de lo que pueda estarse haciendo desde el sector Mercado.

Tampoco es realista esperar soluciones por la simple vía del crecimiento económico y de la innovación tecnológica, acentuando las tendencias en curso en los procesos de modernización y globalización que, como toda la información evidencia, genera una tendencial concentración de la riqueza, aumento de la desigualdad social y mayores niveles de exclusión.

Las sociedades latinoamericanas han seguido uno y otro de esos caminos, y a menudo ambos simultáneamente, siendo el resultado de todo ello ... la realidad tal como es, y los procesos tal como se están dando: aumento del porcentaje de la población excluida, reducción de la cobertura social de las prestaciones ofrecidas en conjunto y complementariamente por ambos sectores, elevación progresiva de la calidad mínima aceptable y de la calidad media real de las prestaciones, ofrecidas por ambos sectores, en un contexto de acentuación de la desigualdad social.

Surgimiento espontáneo, comprensible e inevitable, de una economía informal, desregulada e incontrolada, que provee bienes y servicios en cantidades crecientes, pero de calidades decrecientes o en todo caso inferiores a los mínimos aceptables socialmente para las prestaciones que se proporcionan tanto desde el Mercado como desde el Estado.

En efecto, la economía informal ofrece una amplia y creciente cobertura y una mínima calidad de prestaciones, que atienden las necesidades de aquella franja que en nuestro Modelo representamos como población excluida.

Si queremos representar el impacto de esta economía informal, podemos construir la siguiente figuta 5.

Figura 5. Tendencias de Cobertura y Calidad incluyendo la Economía informal *(modelo dinámico)*

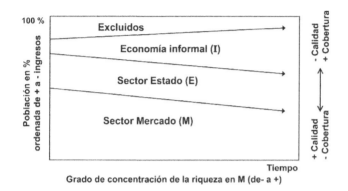

Grado de concentración de la riqueza en M (de- a +)

HACIA UNA SOLUCIÓN ESTRUCTURAL: LA INCLUSIÓN DEL SECTOR DE ECONOMÍA SOLIDARIA

No incluimos la economía informal en nuestro Modelo de Optimización, porque la informalidad surge precisamente como expresión de la exclusión, entendiendo que la cobertura supone la provisión de prestaciones de cierta calidad mínima aceptable. Tampoco podemos considerar que las prestaciones informales sean parte del sector Mercado, pues si bien en la economía informal se realizan operaciones "de mercado" (ofertas y demandas de bienes y servicios), éstos no son socialmente aceptables, sea porque se efectúan fuera de la legalidad vigente, sea porque caen bajo los niveles de calidad mínima que la sociedad puede aceptar.

El aumento aparente de la cobertura y la reducción de la exclusión que se obtendrían considerando la economía informal (Figura 6), constituye una falsa solución al problema, que está lejos de aproximarnos al punto óptimo o de equilibrio que inicialmente formulamos en el Modelo de Optimización de Cobertura y Calidad. En efecto, como las prestaciones ofrecidas por el sector Informal son de calidad inferior a las mínimas socialmente aceptables, no podemos considerarlas como prestaciones de efectiva cobertura social. Lo que hacen las prestaciones informales es solamente amortiguar la gravedad de las condiciones de vida que tendrían los excluidos en ausencia de estas prestaciones, sin que por ello dejen de estar excluidos.

Pero la consideración de la economía informal y de sus efectos, nos abre el camino para integrar al Modelo de Optimización, un verdadero Tercer Sector, que denominamos Sector Solidario, cuya presencia y desarrollo comprobaremos que puede aproximar nuestras economías y sociedades al deseado Óptimo Social de Cobertura y Calidad.

¿QUÉ ENTENDEMOS COMO ECONOMÍA SOLIDARIA, Y CÓMO PUEDE INTEGRAR NUEVOS RECURSOS AL SISTEMA?

La economía solidaria es más que lo que aquí consideraremos. Exclusivamente para los efectos de este Modelo, entenderemos como Sector Solidario un amplio conjunto de organizaciones y actividades que generan prestaciones sociales, que se despliegan con una lógica económica que no es ni la del Estado ni la del Mercado Capitalista, poniéndose en una suerte de situación intermedia entre ambos sectores principales.

Se basa en la asociación voluntaria de las mismas personas que tienen necesidades sociales que satisfacer, las que organizan emprendimientos cooperativos y autogestionados dedicados a la producción y/o prestación de los bienes y servicios correspondientes. Las prestaciones de este sector están destinadas a los propios integrantes de las asociaciones, pero también se abren al mercado en general. Los emprendimientos deben asegurar su financiamiento con los ingresos recabados de sus operaciones. Los recursos para operar provienen de los aportes de los propios asociados, que se incrementan con donaciones y subsidios que pueden obtener desde los sectores Estado y Mercado. En todo caso, los emprendimientos solidarios deben asegurar su sostenimiento.

La economía solidaria la consideramos "intermedia", en cuanto por un lado opera hacia un sector de necesidades y demandas sociales que no es atendido satisfactoriamente por el Mercado (compartiendo dicho rasgo con el sector Estado), y por otro lado no ofrece sus prestaciones gratuitamente, sino que cobra por ellas de modo de reproducir y acrecentar en el tiempo sus recursos (tal como se hace en el sector Mercado), buscando obtener utilidades pero con el objetivo de distribuirlas socialmente, de modo que no genera concentración sino repartición de la riqueza y los ingresos.

En cuanto opera de modo que redistribuye la riqueza generando situaciones de menor concentración, podemos esperar de este sector, conforme a los supuestos del Modelo, que por este solo efecto contribuya a ampliar la cobertura de las prestaciones sociales.

Por su propia naturaleza de sector que cobra por los bienes y servicios que ofrece, la calidad de sus prestaciones no debiera ser inferior a las del Estado, pues si así fuera no encontraría demanda, prefiriendo las personas los servicios gratuitos o de menor costo que les ofrezca el Estado. Tampoco debiera ser superior a las del sector Mercado, que opera preferentemente hacia la demanda solvente de los sectores de más altos ingresos, con mayor capacidad de pago y acceso a la calidad.

Así, tanto en términos de la calidad de sus prestaciones, como de los sectores que este sector puede cubrir, lo veremos "intermedio" entre el Estado y el Mercado, y así aparecerá en nuestro Modelo (Figura 6).

Otros rasgos importantes de este sector Solidario que debemos considerar en el Modelo son los siguientes:

1. Este sector Solidario opera preferentemente (no exclusivamente) en las áreas de la educación, la salud, la vivienda y otras de carácter social, que son las que en

nuestro Modelo y análisis interesan. Al concentrarse en estos rubros de actividad, la mayor parte de los recursos (trabajo, financiamiento, tecnología, etc.) que se integren a este sector, serán empleados de modo que ampliarán la cobertura y calidad de las prestaciones sociales. O en todo caso lo hará en proporciones mayores a las que se observan en los sectores Mercado y Estado (o sea, con un menor porcentaje de los recursos totales disponibles, puestos en manos de este sector, se proveerán más bienes y servicios que impliquen prestaciones y satisfacción de necesidades sociales.

2. La creación y existencia de este sector, eleva la dotación total de recursos disponibles para ampliar la cobertura y calidad de las prestaciones sociales, porque es un sector que se desarrolla, al menos en parte, con recursos nuevos, creados o movilizados *ad hoc*, que no tienen cabida ni ocupación posible en los otros dos sectores (Estado y Mercado). Por ello su sola existencia nos aproxima al óptimo de cobertura y calidad

3. La creación, existencia y desarrollo del Sector Solidario, necesariamente desplaza recursos actualmente ocupados en los sectores Mercado y Estado. Tales recursos así desplazados, implican una reducción proporcional de los sectores Mercado y Estado (y de sus respectivas prestaciones); pero esta reducción es compensada naturalmente por el sector Solidario al que dichos recursos se integran y donde encuentran una nueva ocupación productiva.

149

4. En razón del mismo desplazamiento de recursos, su empleo en el sector Solidario no solamente compensará la correspondiente prestación en los otros sectores, sino que adicionaría nuevos bienes, servicios y prestaciones a la oferta total, si se diera la condición de que en el sector Solidario el costo unitario de las prestaciones (a igual calidad) es menor al que tienen las mismas en los sectores Estado y Mercado.

Dicha condición efectivamente se verifica, porque: a) En el sector Solidario se excluye o se reduce el lucro de los operadores del sector Mercado. Lucro que aumenta el costo de las prestaciones y reduce los recursos del sector Mercado para futuras prestaciones. En el sector Solidario los beneficios se reintegran parcial o completamente al sistema de prestaciones.

b) Puesto que en el sector Solidario las prestaciones no se ofrecen gratuitamente como en el sector Estado, sino que se cobra por ellos, el sector Solidario recupera y reintegra recursos que permiten ampliar las prestaciones futuras, lo que no ocurre en el sector Estado.

5. Lo anterior explica y justifica que, de hecho, tanto desde el sector Estado como desde el sector Mercado se manifieste una voluntad de traspasar recursos al sector Solidario. Ello se verifica de distintas maneras. Desde el Estado, por ejemplo, subsidiando operaciones del sector Solidario, estableciéndole exenciones tributarias, aportándole recursos complementarios a través de

150

financiar capacitación, innovaciones, créditos ventajosos, etc. Desde el sector Mercado, se realiza el mencionado desplazamiento de recursos a través de donaciones privadas y varios tipos de aportes generados desde Fundaciones vinculadas y financiadas por empresas y personas.

EL RESULTADO DE LA INTEGRACIÓN DEL SECTOR SOLIDARIO AL MODELO LO PODEMOS OBSERVAR EN LA FIGURA 6:

Figura 6. Óptimo Social de Cobertura y Calidad Modelo de 3 sectores (modelo dinámico)

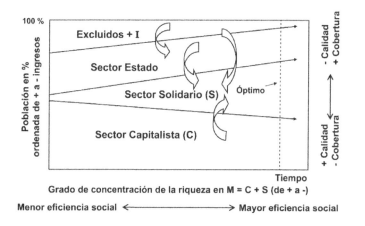

En la Figura 6 se observa lo siguiente: 1. Aumenta la cobertura total del sistema.

2. Una parte de la población previamente atendida por

el Estado se desplaza al sector Solidario, buscando las prestaciones de mayor calidad que ofrece este sector

3. Una parte de la demanda anteriormente atendida por el Mercado también se desplaza al sector Solidario, que les ofrece prestaciones de menor costo (y de mejor calidad que las que obtendrían al desplazarse al sector Estado).

4. Una parte de la población excluida pero que atendía precariamente sus necesidades en la economía informal, se desplaza al sector Solidario. (De hecho, muchas iniciativas de la economía informal pueden integrarse al sector Solidario, si acceden a recursos de donaciones y de subsidios que desde el Estado y el Mercado contribuyen al crecimiento del sector Solidario).

5. Se verifica tendencialmente la Optimización de la Cobertura y Calidad de las prestaciones sociales. Ello puede apreciarse comparando el Modelo estático de Óptimo de Cobertura y Calidad construido sobre 2 sectores (Figura 1), con el Modelo dinámico que considera los 3 sectores, representado en la Figura 6.

Addenda:

Decepción privada y descontento social

La confección de este Modelo, en que utilizo un lenguaje y un instrumental teórico que en otras ocasiones he criticado como economicista, simplista e inadecuado para comprender realidades, procesos y problemas complejos, está motivada por dos circunstancias de la coyuntura.

La primera es el debate sobre la baja calidad de la educación que se está dando en Chile a partir de un gran movimiento estudiantil que expresa el descontento de los jóvenes (que es también el de sus padres y parece que de la sociedad chilena en su conjunto) respecto a lo que se les ofrece como servicio educacional público. En este debate percibo que se están equivocando los diagnósticos y se está errando en la búsqueda de soluciones, como deja entrever un preinforme de la Comisión Nacional de Educación creada por el gobierno para estudiar el problema. Como estoy convencido de haber elaborado elementos de análisis y propuestas de respuesta mejores (en la que he denominado Teoría Económica Comprensiva y en mis libros sobre Economía de Solidaridad y Mercado Democrático), pero estando seguro que estas elaboraciones y libros no serán considerados en el corto plazo, en parte debido a su extensión (que exige dedicarle tiempo a la lectura), pero aún más porque suponen acceder a un paradigma cognitivo diferente al que se usa y predomina habitualmente, me ha parecido útil intentar esta nueva aproximación al tema, empleando un lenguaje que pudiera ayudar a los interesados.

La segunda circunstancia es la solicitud que me ha hecho el Banco Central de Venezuela en orden a colaborar en el diseño de herramientas de diagnóstico y evaluación de las experiencias de economía popular y economía solidaria, cuya importancia social es crecientemente reconocida, aún cuando se carece del instrumental analítico adecuado para comprender y cuantificar su dinamismo, evolución y desarrollo. Dos recientes viajes a Venezuela que precedieron a esta invitación (el primero para trabajar en torno al tema de la exclusión y la inclusión social, el segundo en torno a la cuestión del desarrollo local) me pusieron en contacto con un proceso político que se esmera y se aplica sinceramente en encontrar un camino nuevo y distinto a los conocidos, para enfrentar y superar los graves problemas de pobreza y exclusión que afectan a los países latinoamericanos. En Caracas tuve la grata sorpresa de ver que mis libros están en el Ministerio de Planificación y Desarrollo, en el Departamento de Estudios del Banco Central, y en otras entidades gubernativas; pero puedo realistamente pensar que los tiempos y los acelerados dinamismos de un proceso social y político como el venezolano de hoy, pudieran hacer también útil disponer de una herramienta de más fácil comprensión y procesamiento como es este Modelo.

Es así que ahora, ante el presente "Modelo de Optimización Social de Cobertura y Calidad" ya terminado en sus líneas esenciales, siento la necesidad de explicar a los lectores habituales de mis escritos, que este trabajo no constituye un reconocimiento de la capacidad que pueda tener este lenguaje e instrumental económico para expresar cabalmente un genuino enfoque y concepción de teoría económica comprensiva.

Sin embargo, creo que este Modelo constituye una aproximación, grosera pero tal vez útil, a conceptos fundamentales que he expuesto en mis trabajos sobre la economía de solidaridad y el mercado democrático, y sobre las relaciones entre los distintos sectores y racionalidades económicas.

Entre los conceptos a los que este "modelo" se aproxima se encuentran, entre otros:

1. La afirmación de que la antigua controversia y contradicción entre posturas estatistas y libremercadistas como expresiones de la mejor racionalidad económica, deben resolverse en una economía pluralista que incluya al sector de la economía solidaria, y que reconozca las ventajas, cualidades y aportes de cada diversa racionalidad económica en ámbitos específicos.

2. La afirmación de que no debe confundirse capitalismo y economía de mercado, en cuanto el mercado es una construcción social necesaria, e incluso solidaria, en la medida que expresa el hecho de que en la sociedad nos necesitamos unos a otros y que trabajamos unos para otros.

3. La afirmación de que una economía justa, humana, solidaria, no es aquella en que no existan el mercado ni empresas motivadas por el afán de ganancias privadas, sino una en la cual la riqueza y los ingresos se encuentren socialmente distribuidos con equidad. El mercado puede contribuir a ello, en cuanto es factible que se constituya y opere en distintos niveles de concentración y desconcentración; como hemos demostrado al formular la teoría del "mercado democrático" y el proyecto de una democratización del mercado.

4. La afirmación de que la mejor articulación entre los distintos sectores y sujetos económicos es aquella en que se aprecie operando un principio de subsidiaridad, tal que las entidades sociales superiores y más amplias (como el Estado), deben hacerse cargo de los problemas que no pueden resolverse en niveles inferiores y de menor agregación social, y no sustituir a éstos en lo que pueden hacer y en lo que les compete como atribución y derecho legítimo.

5. La afirmación de que las relaciones y comportamientos solidarios y de cooperación son

altamente sinérgicos, en términos de activar recursos inactivos, generar proyectos nuevos, potenciar la productividad de los factores económicos, optimizar la satisfacción de las necesidades mediante el empleo solidario de los bienes y servicios, y generar constantemente nuevos agentes y sujetos emprendedores.

Todo ello aparece refrendado, en el nivel esquemático y simplificado que es propio de cualquier "modelo" de las características de éste. Y como de algún modo aparecen, estas afirmaciones y explicaciones añadidas pueden ser efectivamente superfluas e innecesarias. Pero me ha motivado a escribir esta addenda, una tercera feliz circunstancia.

Recorriendo hace unos días la Feria del Libro en Santiago, me encontré con un antiguo libro de Albert O. Hirschman titulado *Interés Privado y Acción Pública*. (Fondo de Cultura Económica, México, 186)

Conservo un gratísimo recuerdo de este destacado economista norteamericano con quien tuve una muy interesante conversación sobre el cooperativismo hace ya veinte años, y me he hecho la costumbre de leer y releer sus siempre estimulantes escritos. El hecho es que, en esta ocasión, me encontré con unas ideas que vienen muy al caso en el asunto sobre el que me propuse intervenir con el presente Modelo.

En este pequeño libro Hirschman está interesado en comprender las motivaciones que hacen transitar a las personas y a las sociedades, desde comportamientos centrados en los intereses privados a los asuntos que reclaman la acción pública, y viceversa. Y uno de los aspectos que analiza es la decepción que suele asociarse al consumo de diferentes tipos de bienes y servicios ofrecidos por el mercado y/o el Estado.

Dice Hirschman que en las sociedades que experimentan una gran expansión en el acceso de la población a servicios como la educación, la salud, la recreación y otros, se genera un gran potencial de decepción, que es aún mayor para la primera generación de personas que acceden a estos servicios: "grupos de movilidad ascendente, rebosantes de nuevas ambiciones de consumo, quienes llevarán la carga de la decepción a medida que perciben dolorosamente el grado de incertidumbre asociado a los servicios que ahora están ansiosos por disfrutar". Nuestro autor provee varias explicaciones, que intentaré resumir:

"Cuando se hace un gran esfuerzo por expandir rápidamente la oferta de estos servicios a fin de incrementar su disponibilidad, es probable que disminuya sustancialmente su calidad media. Esto es así en parte porque resulta difícil reunir al mismo tiempo todos los insumos necesarios para un desempeño de alta calidad: los nuevos edificios escolares se construyen más de prisa que la formación de nuevos maestros. Por lo tanto, precisamente cuando una sociedad hace un esfuerzo decidido por ampliar el acceso a ciertos servicios, declina la calidad de ellos, lo que tendrá efectos negativos obvios sobre la moral de los consumidores nuevos y antiguos".

La probabilidad de un desempeño decepcionante de los servicios nuevos o ampliados se refuerza con otras observaciones. "Cuando se expanden ciertos servicios tales como la educación para atender a grupos sociales nuevos, quizá no resulte apropiada la oferta de los mismos servicios brindados a la "clase educada" tradicional. Por lo tanto, aún sin disminución de la calidad, y precisamente por no haberse dado un cambio y adaptación, los servicios podrían resultar ineficaces".

Una muy fuerte razón de decepción social con los servicios que amplían su cobertura se explica recurriendo al argumento de Fred Hirsch sobre los bienes finitos: cuando el disfrute de los bienes y servicios depende decisivamente del hecho que no los busquen al mismo tiempo muchas personas (como ocurre con algunas playas tranquilas). A medida que un grupo de consumidores esperanzados está listo para aspirar a estos bienes, descubrirá que está comprando ahora unas vacaciones en una playa hacinada y contaminada. La educación es un caso de "playa tranquila" interesante de examinar, pues los privilegios asociados a un nivel superior de educación se desvanecen cuando ella se pone al alcance de muchos. Quien hace un gran esfuerzo por educar a sus hijos, esperando que su sacrificio sea compensado cuando vea a los hijos alcanzar el nivel de las personas de su propia generación que estudiaron, sufrirá una gran decepción.

No obstante todo lo anterior, Hirschman señala que "la tolerancia de la disminución de la calidad es mucho mayor en el caso de los servicios, por ejemplo los educativos, que en el de otros bienes". En el caso de los que acceden "de primera generación", pueden carecer de referentes y criterios que les permitan apreciar la calidad deficiente de lo que reciben. Pero hay otra razón más importante que nuestro autor enfatiza:

A menudo los servicios requieren la colaboración activa de los usuarios para que su desempeño sea adecuado. En otras palabras, la calidad resultante no depende sólo del bien o servicio ofrecido, sino de lo que haga con ello el que lo recibe. Así, por ejemplo, los estudiantes tendrán que reconocer que sólo si han hecho el esfuerzo necesario para estudiar y aprender, podrán luego quejarse de la calidad de lo recibido. Antes de quejarse y exigir a las instituciones proveedores mejoras de calidad (decepción con el servicio comprado o recibido), tendrán que asumir cierta decepción consigo mismos.

Cuestión, esta última, que nos lleva a nuestro tema original, de la mejor combinación de prestaciones de servicios por los sectores Mercado, Estado y Solidario.

En el sector Mercado, el sujeto que paga por los servicios está más consciente y es más exigente respecto de la calidad de lo que obtiene a cambio de su dinero. Los mismos usuarios o consumidores del servicio presionarán para obtener una mejor calidad, y como pueden optar por otros competidores que les ofrezcan mejor calidad, habrá un fuerte estímulo a perfeccionar lo que ofrecen las instituciones o empresas que operan en este sector. Hirschman señala que "el mero hecho del pago genera a menudo la presunción de que debemos haber recibido una contraprestación adecuada, de modo que los compradores tenderán a culparse a sí mismos (y permanecer silenciosos) si el resultado de la transacción no es satisfactoria".

En el sector Estado no parecen haber adecuados estímulos o incentivos a la calidad de las prestaciones. Los usuarios los reciben gratuitamente, por lo que no sienten legitimidad para exigir servicios de calidad: "a caballo regalado no se le miran los dientes", dice el refrán. Sin embargo, en este sector las prestaciones de servicios no se conciben a cambio de un pago, como una transacción, sino como un derecho social (derecho a la educación, a la salud, etc.). Y la provisión de derechos "de calidad" puede ser exigida, precisamente por tratarse de derechos, esto es, de prestaciones que se pueden exigir porque tenemos derecho a ellas. En estos casos no existe la presunción de haber recibido una prestación adecuada, y tratándose de un derecho, no se concibe adecuadamente la importancia del propio esfuerzo (estudio, esfuerzo de aprendizaje) que debe hacer el propio receptor del servicio. Es un derecho, y corresponde al que lo provisiona que el resultado sea

161

satisfactorio. Por esto los servicios públicos son constantemente criticados y generan fuerte descontento social; no por ello generándose respuestas de mejor calidad.

Una de las grandes cualidades y ventajas del sector Solidario consiste, precisamente, en que los usuarios de los servicios asumen en plenitud la propia responsabilidad, su personal participación, para que los servicios generen las prestaciones esperadas. Estando los receptores asociados a los proveedores, sentirán el derecho a reclamar por servicios deficitarios, y tendrán fácilmente las ocasiones para hacerlo, estimulando permanentemente la calidad de los servicios. De igual modo, la conexión entre los oferentes y los demandantes tenderá a hacerlos a ambos "cómplices" en el proceso de mejoramiento de la calidad y la expansión de la cobertura.

VI

¿POR QUÉ NO PASA CASI NADA CON EL CUIDADO DEL PLANETA?

Los problemas del planeta tierra, provocados por la actividad humana, son muy serios. Cada vez hay más evidencia científica sobre el cambio climático, los desequilibrios ecológicos y el deterioro del medio ambiente, producidos por el modo en que crece y se expande la economía y la sociedad sobre la tierra. Los efectos ya se dejan sentir sobre la población, que se ve afectada por cada vez más frecuentes y graves desastres (incendios de bosques, aluviones, inundaciones, sequías, etc.). Se sabe que continuar por el mismo camino conducirá en algún momento no muy lejano a una verdadera catástrofe ambiental y demográfica que afectará a toda la especie humana. Lo sorprendente es que, si bien aumenta el conocimiento científico y la conciencia social sobre todo esto, nuestras sociedades no cambian de rumbo y se persiste en crecer, producir, consumir y vivir de los mismos modos en que se viene haciendo, con tan graves y evidentes consecuencias.

Cabe preguntarse ¿por qué no pasa casi nada con el cuidado de la tierra y de la vida? Encontrar respuesta a esta pregunta es fundamental, pues sólo conociendo la causa es posible removerla, o al menos, actuar seriamente para reducir sus efectos de modo sustancial.

Lo primero es que todos piensan que los responsables (o culpables) del deterioro ambiental son 'otros'. Los pobres piensan que son los ricos, que despilfarran bienes y sobreexplotan los recursos naturales y la energía. Los ricos piensan que son los pobres, que no cuidan su ambiente y se multiplican de manera excesiva. Estados Unidos y los países europeos responsabilizan a los países subdesarrollados y emergentes (China, India, Paquistán, Brasil, etc.); los países emergentes y menos desarrollados lo atribuyen a los países más ricos. Los consumidores piensan que la culpa es de los productores, especialmente de las grandes empresas y corporaciones; los productores y las empresas sostienen que ellos no hacen más que atender las demandas de los consumidores, que serían los responsables últimos de lo que producen.

Lo segundo es que todos piensan que las decisiones y acciones que podrían detener el deterioro deben tomarlas 'otros', no ellos mismos. Los ciudadanos piensan que es el Estado el que debe regular a las empresas e impedir que los responsables continúen causando el deterioro ambiental. Los gobiernos piensan que no pueden hacer mucho porque los ciudadanos no respaldarían decisiones políticas que impliquen reducción del crecimiento, del empleo y del consumo. Los empresarios piensan que su objetivo es producir y vender según las demandas de los consumidores y conforme a las regulaciones que establezca el Estado, y que las empresas se adaptan a las decisiones que tomen esos otros: el Estado y los consumidores.

Lo tercero es que, quien superando los dos puntos anteriores entienda que debe hacer algo por su propia cuenta para enfrentar el problema, llega fácilmente a la conclusión de que tomar la iniciativa le implicará un costo muy alto, que podría incluso impedirle a él mismo continuar en el futuro por la senda de la sustentabilidad. Se piensa que si un país se adelanta a los otros tomando medidas de protección ambiental consistentes, vería reducirse las inversiones y los flujos financieros no llegarían al país, con lo que su crecimiento se retrasaría y perdería las oportunidades que ofrecen los mercados y que serían aprovechadas por otros. Una empresa que se adelante a las otras tomando resguardos ambientales entenderá que sus costos de producción aumentarán y podrá perder competitividad. Un ciudadano que cuide el ambiente y comience a vivir conforme a criterios ecologistas tendrá que renunciar a muchos aspectos del bienestar que ofrece la sociedad, y al consumo de muchos bienes.

Lo cuarto es que, cuando alguien finalmnte decide 'hacer algo' por su cuenta, se ve fuertemente desmotivado a persistir cuando son tantos los que piensan y le dicen que su acción particular no tendrá un efecto significativo que impacte realmente en la solución del problema. Esto lo hará concluir que persistir en su iniciativa asumiendo altos costos, sólo dará lugar a beneficios sociales muy pequeños e incluso insignificantes. Se piensa que el problema que afecta al medio ambiente y a la humanidad entera es tan gigantesco, tal 'sistémico', que frente a ello toda iniciativa y acción que se emprenda será infinitesimalmente pequeña, pudiendo tener un impacto irrelevante que no revertiría tendencias generales de dimensiones planetarias.

Podemos sintetizar los cuatro puntos mencionados en el hecho que todos rehuimos el sacrificio. Y existe la creencia generalizada en que actuar y vivir de modo de mejorar el ambiente, proteger la vida y salvar el planeta implica muchos y grandes sacrificios. Y, naturalmente, nadie quiere libremente sacrificarse. ¿Por qué sacrificarse si se piensa que los responsables (o culpables) son otros, si se cree que las iniciativas y acciones debieran ser emprendidas por otros, si se teme que los costos en que se incurrirá son excesivos, y si se está convencido de que la propia acción tendrá efectos insignificantes frente a un problema 'sistémico' que parece irreversible?

Así, hemos encontrado respuesta a nuestra pregunta de por qué no pasa casi nada con el cuidado del planeta. Surge, en consecuencia, una nueva pregunta: ¿qué podemos hacer para remover esas causas de que no se emprendan iniciativas serias, durables y consistentes para detener el deterioro ambiental, los desequilibrios ecológicos y el cambio climático?

Ante todo, parece necesario modificar aquellas creencias y formas de pensar que inhiben la acción, y que en realidad son creencias falsas y formas erróneas de pensar.

Empecemos por la idea de que el problema, siendo de dimensiones planetarias y de alcance 'sistémico', es tan grande que cualquier acción que emprendamos para enfrentarlo es insignificante e ineficaz para revertir la situación y la tendencia predominante. La formulación más extrema de este pensamiento es la del Dr. James Lovelock, autor de la *Teoría Gaia,* que postula que el planeta es un organismo vivo, compuesto por una red viviente de organismos que a través de su interacción conforman el delicado equilibrio de la biósfera, que se reproduce autorreferencialmente, que se autorregula para mantenerse en homeostasis, y que actúa y reacciona como un todo. Ha escrito recientemente este autor en su último libro, *The Revenge of Gaia*, que el clima extremo será la norma causando gran devastación; para el 2040 Europa se parecerá al Sahara y buena parte de Londres estará bajo el agua. Lovelock sostiene que ante ello no hay nada que hacer, que las acciones estilo "salva al planeta, dejando de usar bolsas de plástico", o propuestas parecidas son una fantasía que nos han hecho creer para sentirnos mejor, pero no hacen una diferencia, porque es demasiado tarde, y que las políticas 'verdes', como el desarrollo sustentable, son sólo palabras que no aportan reales soluciones.

Pues bien, el pensamiento de Lovelock tiene escasa consistencia científica, expresa un punto de vista lineal típicamente reduccionista, y simplifica la realidad al proponer una teoría global a partir de hechos y aspectos particulares. Ese modo de pensar es una característica de las ideologías totalitarias y de algunas versiones sociológicas que postulan que toda la realidad social, económica, política y cultural está integrada funcionalmente y que cada aspecto de ella se encuentra marcado por un único rasgo esencial. Así, se desconoce la pluralidad y se hace imposible comprender la posibilidad de transformaciones estructurales que no sean 'sistémicas', esto es, globales y completas, y que se cumplan 'de una vez'. Con dicho simplismo analítico se afirma, por ejemplo, que la economía de un país es enteramente capitalista, sin atender al hecho real y concreto de que en cualquier sociedad encontramos una diversidad de formas económicas, unas más desarrolladas y centrales que otras, y que el propio capitalismo tiene aplicaciones diferenciadas. En otro ejemplo, algunos ecologistas afirman que la especie humana es depredadora, en razón de lo cual el planeta se orienta inevitablemente al colapso ecológico; desconociendo que ha habido y hay pueblos y comunidades que progresan en armonía con la naturaleza.

El conocimiento comprensivo y el pensamiento complejo nos permiten comprender la diversidad y la complejidad de las estructuras y de los procesos reales, y ello hace posible generar iniciativas de transformación diversas, creativas, autónomas, que parten del análisis particular de las condiciones particulares en que vive y actúa cada persona, cada comunidad, cada país. Es así que las ciencias complejas y comprensivas integran al análisis de los temas ambientales dos datos fundamentales: la diversidad geográfica y ecológica del planeta, y la diversidad de culturas, de economías y de políticas, de racionalidades y de modos de vivir, que coexisten en la humanidad y en la tierra. Así se comprende que es simplista pensar el tema que aquí nos ocupa, considerando por un lado 'el planeta' y por otro 'la especie humana', como si fueran realidades 'globales', internamente no diferenciadas.

Yo invito a pensar que si el planeta es una esfera, como lo es, cada uno de nosotros se encuentra 'en el centro del mundo', y que cada uno en interacción con sus cercanos es responsable de los espacios en que se desenvuelve su vida y sobre los cuales recae su actuar. Cada lugar de la tierra es único y distinto a todos los otros lugares. Siendo el planeta tan diverso y variado, la verdad es que no sirven mucho las acciones 'globales'. Lo que se requiere es exactamente lo contrario: una multiplicidad de iniciativas y de acciones particulares, locales, diversas, desplegadas con la máxima descentralización, de modo que en cada lugar o territorio donde se encuentre asentada una persona, una familia, una comunidad, un país, ellos mismas se hagan cargo de su propio ambiente y de las condiciones y circunstancias ecológicas en que se desenvuelve su vida. Dicho más concretamente, cada uno es responsable de la ecología en su casa, en barrio, en su Comuna, en su territorio.

De este modo superamos otro de los errores y modos de pensar que inhiben la acción, a saber, la creencia en que son 'otros' los que han de responsabilizare de los problemas que nos afectan. Cualquiera sea la causa, cualquiera sea el culpable de un problema ambiental que afecta la vida de una localidad, es a los miembros de esa misma localidad, y a todos los afectados por esa situación particular, a quienes les compete primeramente hacerse cargo y actuar consistentemente para revertir los problemas que detecte y restablecer el equilibrio perdido.

De un modo similar, respecto a los más grandes problemas que afectan al planeta y a la creencia de que los 'culpables' de ellos son las grandes empresas y corporaciones, o los Estados y los poderosos, también cada uno de nosotros tiene mucha responsabilidad y culpa que asumir. Porque es un hecho que a las grandes empresas y corporaciones las sostenemos los consumidores cada vez que optamos por comprar sus productos y que les entregamos nuestro dinero. Y a los gobiernos y sus políticas de crecimiento y concentración del poder las sostenemos los ciudadanos que delegamos en ellos decisiones que debieran ser nuestras, y cuando les exigimos que resuelvan nuestros problemas del modo ostentoso y dispendioso en que el Estado suele hacerlo, y cuando elegimos a gobernantes obsecuentes al darles nuestro voto.

Llegamos así, a la última de las creencias erróneas que inhiben la acción de muchos. La percepción del sacrificio en que han de incurrir los que deciden actuar, mientras 'los otros' no hacen nada por enfrentar la situación. Sacrificio que se teme, que no se asume y que se evita especialmente si se piensa que es injusto, estéril e ineficaz. Pienso que éste es un asunto crucial, que merece la más atenta reflexión y un cuidadoso análisis.

Lo primero que hay que preguntarse es: ¿cuál es, y cómo es, el sacrificio implicado en la decisión personal, o familiar, o comunitaria, o nacional, de la opción que se haga por cambiar el rumbo y dejar de deteriorar el planeta?

Tanto a nivel personal como a nivel social, lo que se requiere es un cambio en el modo de vivir, que si se considera en términos del sacrificio, implica disminuir el consumo de cierta cantidad de bienes de origen industrial cuya producción es muy intensiva en el empleo de recursos no renovables y de energías contaminantes. A personas y a grupos muy integrados en la vida moderna este sacrificio puede parecerles que es muy grande; a una gran mayoría de quienes gozan de menos privilegios y de un reducido acceso al consumo, ese sacrificio debiera resultarles bastante pequeño, a no ser que aspiren desesperadamente a integrarse también al consumismo.

Pero ambas situaciones deben ser examinadas considerando y haciendo pesar en la balanza de los costos y de los beneficios, lo que implica estar integrados a las dinámicas del consumo moderno en términos del dinero que se debe necesariamente ganar y gastar para lograrlo, del endeudamiento en que se suele incurrir, del estrés y otros problemas de salud física y mental asociados al ritmo del consumismo, y de todo aquello a que se acostumbra renunciar en aras de mantenerse 'actualizados' con las novedades del mercado, a saber, descuido de la vida familiar, reducción del tiempo disponible para el ocio, las artes y la reflexión, aislamiento y escasa participación en la convivencia comunitaria, etc. La verdad es que los sufrimientos humanos que ocurren en el actual modo de organización de la vida son inconmensurables, y qué decir de los realmente aterradores que provocan periódicamente los desastres generados por la crisis ambiental.

Pero además, no se trata solamente de renunciar a ciertos modos de consumir y de vivir, sino de sustituirlos por otros modos de vivir y de satisfacer las necesidades, que pueden ser incomparablemente mejores en términos de la felicidad que proporcionan y de la calidad de vida a que pueden conducir. En efecto, la cercanía y contacto con la naturaleza proporciona placeres muy especiales, una alimentación sana es fuente de salud, el cultivo de la amistad y de la convivencia comunitaria puede ser fuente de muchas alegrías, la combinación del estudio con el trabajo autónomo y asociado es motivo de permanente desarrollo personal, una dedicación más activa a la lectura, a las artes, a la cultura y a los valores espirituales conduce a las más elevadas satisfacciones interiores.

La opción por un buen vivir en relación armónica con la naturaleza, en convivencia con una comunidad de amigos y vecinos, con énfasis en la cultura, el conocimiento y el desarrollo personal y espiritual, es un camino pleno de satisfacciones, alegrías y felicidad, que no proporcionan los bienes y las baratijas que ofrecen con exceso, agresiva e inmoderadamente las industrias y el mercado. Bienes a los que, por lo demás, no se trata de que haya que renunciar completamente, sino sólo en la medida de lo que desde un buen vivir como el descrito se llega a considerar prescindible, innecesario o superfluo.

Visto así, el sacrificio implicado se descubre que es realmente menor en comparación a los beneficios que se pueden obtener cambiando hacia los modos de vivir correspondientes a lo que podemos entender como una nueva y mejor civilización humana.

¿Se dirá que somos pocos los que tomamos esta opción mientras la mayoría persiste en sus maneras de consumir, de relacionarse y de comportarse? La tarea es atraerlos, convencerlos, mostrándoles ante todo que se puede vivir mejor, en un ambiente más sano física, mental y espiritualmente.

Los poderosos y los ricos difícilmente harán algo serio y consistente para enfrentar el deterioro de planeta, porque piensan que ellos están protegidos por su poder y su riqueza, y que en el peor de los casos, serán los últimos en ser afectados. No cabe por tanto esperar que sean ellos, los poderosos de la política y de la economía, quienes inicien o encabecen las acciones tendientes a enfrentarlos. Y es por eso que es preciso optar, cada uno, cambiando modo de vida, empezando a vivir como se vivirá en la nueva civilización, que es sin duda un modo de vida mejor que el que predomina actualmente.

Superados los temores y provistos de un conocimiento comprensivo y de un pensamiento complejo, optando por ese buen vivir, iremos construyendo economías solidarias, desarrollos locales, ambientes saludables, nuevos modos de desarrollo, que irán abriendo caminos hacia una nueva civilización, creativa, autónoma y solidaria, pluralista y multifacética, social y ambientalmente sustentable.

VII

SOBRE LA GANANCIA, LA GRATUIDAD, EL VALOR ECONÓMICO Y LOS DERECHOS SOCIALES.

A menudo se dice que la causa principal de la concentración de la riqueza y de la inequidad que se manifiesta en el mercado capitalista se encuentra en la ganancia o lucro de los empresarios. Frente a tal situación y modo de concebirse el problema, surge socialmente la demanda de gratuidad y la afirmación de los derechos que las personas tendríamos a ser provistos de ciertos bienes y servicios indispensables para la vida y el bienestar social. Son dos cuestiones que suelen aparecer conectadas en los discursos y debates ideológicos, y que de hecho mantienen conexiones teóricas y prácticas que es conveniente dilucidar. Vamos por parte:

I. La cuestión de la ganancia.

En la Teoría Económica Comprensiva la causa de la concentración de la riqueza y de la desigualdad que se genera en el mercado no se atribuye al hecho mismo de que se produzcan ganancias y utilidades como resultado de la producción, sino al modo en que se generan esas ganancias, y a las formas en que se reparten y en que son apropiadas por los capitalistas y por el Estado.

Partimos de la base que en la actividad productiva se crea valor; valor que podemos concebir como cierta combinación de energías e informaciones; valor que queda objetivado en los bienes y servicios producidos. Dicho de otro modo, los bienes y servicios producidos tienen un 'valor de producción', que ha sido puesto en ellos, dado y creado, por la actividad de todos los sujetos que han participado en su producción. Así, cualquier bien o servicio producido contiene algo del 'hacer' de los trabajadores, del 'saber' de los técnicos, del 'tener' de los que aportaron los medios materiales, del 'decidir' de los gestores, del 'creer' de los financiedores, y del 'unir' de la comunidad productiva. A través de todas esas actividades los sujetos traspasan a los productos ciertas energías e informaciones que estaban antes en los factores (sujetos) productivos utilizados en su producción; pero no es un simple traspaso de valor 'a suma cero' (en el sentido que lo que estaba en los factores es equivamente a lo que se establece en los productos), sino que además de ello, con esas actividades se crea nuevo valor, que también recae y se objetiva en el producto. Tenemos, en síntesis, que el valor de un producto - su 'valor de producción' -, es el resultado de las energías e informaciones que los aportadores gastan y sacrifican al producirlo, más el valor que han creado mediante la actividad productiva.

Así constituido el 'valor' en los productos, ése valor se transfiere a los consumidores cuando éstos usan o emplean los bienes y servicios para satisfacer sus propias necesidades. En manos de los consumidores, los productos tienen un 'valor de uso', que consiste y se manifiesta en la utilidad que pueden prestarles o que pueden extraer de las energías e informaciones del producto, mediante su utilización y consumo.

Pues bien, cuando la producción de los bienes y el consumo de ellos es realizada por la misma persona, o por las mismas personas, el 'valor de producción' y el 'valor de uso' se compensan naturalmente, en cuanto los productores del valor lo reciben y lo utilizan en su propio beneficio. Es lo que ocurre en la producción para el auto-consumo.

Pero si la producción la realizan sujetos distintos de los consumidores, es necesario que entre ellos se realice un intercambio: los consumidores deben compensar a los productores por el valor creado por éstos y que han recibido con los productos y servicios. Es lo que ocurre normalmente en el mercado, donde se establece un intercambio entre productores y consumidores, empleándose el dinero como unidad de medida del valor y como medio de cambio universal. La cantidad de dinero que compensa al productor por la creación de valor y que el consumidor paga por el valor de uso o por la utilidad obtenida, es lo que suele llamarse 'valor de cambio'. Valor de cambio que en realidad es la medida en que se cambian el valor de producción y el valor de uso.

Para que el intecambio se realice es necesario que ambos participantes, el productor y el consumidor, obtengan un beneficio y perciban que lo que obtienen corresponde, para uno al valor transferido y para el otro al valor recibido. En efecto, el productor transfiere el producto sólo si siente que el 'valor de cambio' (que recibe) corresponde al 'valor de producción' (que entrega), o sea, le compensa por el costo asumido y por el valor que ha creado, y a su vez el consumidor paga el 'valor de cambio' sólo si percibe que corresponde al 'valor de uso' que para él tiene el producto, o sea al beneficio o utilidad que le proporciona el producto.

Esta ecuación no cambia en lo esencial si entre los productores y los consumidores operan intermediarios comerciales, que prestan servicios a ambos en la medida que el valor de esos servicios reporte un beneficio tanto para sí como para las partes que intermedia. Y tampoco cambia la ecuación cuando el que compensa al productor pagando el 'valor de producción' sea el Estado u otro sujeto que por benevolencia u otra razón cualquiera haga llegar 'el valor de uso' del bien o servicio a un beneficiario cualquiera. Lo que ocurre en este caso es que el productor obtiene el 'valor de producción' y el consumidor obtiene el correspondiente 'valor de uso', siendo el 'valor de cambio' asumido por el Estado o por un tercero. Se trata, en último análisis, de otra forma de intermediación, que se distingue de la intermediación comercial por el hecho de que es el Estado o el benefactor el que toma las decisiones por el productor y por el comprador, en vez de que lo hagan independientemente el productor, el consumidor y el intermediario, como ocurre en el intercambio comercial.

Con lo dicho, tenemos entonces que las ganancias del productor serían aquella parte del 'valor de cambio' que corresponde a la parte del 'valor de producción' que ha sido creado en la actividad productiva. Dicho de otro modo, las ganancias son la diferencia entre el 'valor de cambio' que reciben por sus productos, y la parte del 'valor de producción' que corresponde a la mera transferencia del valor de los factores empleados en la producción.

Lo justo es que el 'valor de producción', el 'valor de uso' y el 'valor de cambio' se equivalgan, y se equivalen realmente cuando la ganancia del productor corresponde a la creación de valor realizada en la actividad productiva.

Pero en la práctica la ecuación entre 'valor de producción', 'valor de cambio' y 'valor de uso' puede encontrarse distorsionada en 3 sentidos básicos: 1. Que el 'valor de cambio' sea mayor que el 'valor de uso', lo que implica que el productor obtiene ganancias injustificadas a costa del 'consumidor, que paga por el producto más que su 'valor de producción'. 2. Que el 'valor de cambio' sea menor que el 'valor de producción', lo que implica que el consumidor obtiene ganancias injustificadas a costa del productor, que obtiene por el producto menos de lo que vale. 3. Que el 'valor de cambio' sea mayor tanto al 'valor de producción' como al 'valor de uso', implicando que un tercero intermediario se apropia de valor tanto a costa del productor como del consumidor.

Pero hay otra causa de gravísimas distorsiones, y que en los hechos está en la base y al origen de las mencionadas distorsiones, y es ésta. Las ganancias, que son la expresión del valor que se ha creado en la producción de bienes y servicios, son el resultado de la acción conjunta de todos los sujetos y/o factores que intervienen en la producción. Cada una de las acciones que realizan tiene su propia productividad, por lo cual lo justo es que cada sujeto y/o factor que crea valor, participe del resultado y reciba del valor creado por todos en conjunto, en proporción a lo que haya realizado y aportado. Ningún sujeto ni factor productivo será recompensado por sobre su aporte, y nadie se apropiará de parte alguna de lo que corresponde a otros.

No es esto lo que sucede en la economía capitalista, ni tampoco en la economía estatista. En ellas uno de los sujetos participantes (el capitalista en un caso, el Estado en el otro) se apropia de un porcentaje muy alto del 'valor de producción', a costa de los trabajadores, técnicos, la comunidad,u otro sujeto/factor, que reciben menos de lo que ha sido su contribucón, siendo en consecuencia explotados.

En una economía justa, creándose valor en la producción habrá ganancias y utilidades que se manifestarán al venderse lo producido; pero esas ganancias no serán apropiadas por el capitalista ni por el Estado, sino que se repartirán entre quienes las hayan generado, en proporción a lo que cada uno haya contribuido en su generación.

Los conceptos planteados nos sirven para examinar la otra cuestión que planteamos al comienzo y que es ampliamente debatida en la actualidad, cual es la cuestión de la gratuidad y de los derechos que reclaman las personas y ciertos grupos sociales a recibir del Estado diferentes tipos de bienes y servicios necesarios para la vida y el bienestar personal y social. No nos referimos a los 'bienes públicos' que son necesarios para la sociedad en su conjunto y para el bien común de la sociedad, sino a bienes y servicios particulares que pueden ser provistos por el mercado, y a los que pueden acceder las personas en base a sus ingresos normales.

II.   La cuestión de la gratuidad.

Partimos de la base indiscutible de que todo lo que directa o indirectamente implique algún trabajo humano para generarlo o producirlo, tiene un valor económico. Cuando cualquier bien o servicio se ofrece o se recibe gratuitamente, hay alguien que está pagando su valor y el trabajo necesario para producirlo. Puede ser la misma persona que lo produce, el Estado que lo paga al productor, alguien que se beneficia con la publicidad que pueda asociarse al producto, o algún benefactor que se hace cargo de solventar el trabajo necesario para producirlo.

Por ello, cada vez que recibimos algo gratuitamente, hay alguien que realiza una donación, alguien que está pagando por nosotros, y alguien al que debemos agradecer.

Por ello también, cada vez que decimos que algo (educación, salud, vivienda, etc.) es un derecho que tenemos a recibirlo gratuitamente, estamos diciendo que hay algún otro que tiene la obligación de pagar por nosotros lo que vale producirlo.

Un fenómeno muy típico de nuestro tiempo es la expansión de la demanda social del derecho a acceder gratuitamente a siempre más bienes y servicios. Casi siempre los paga el Estado, que a su vez se financia con los impuestos, las multas y otros tipos de exacciones que exige a los ciudadanos y a las empresas.

Otro fenómeno también muy extendido es la existencia de una amplísima producción y circulación de bienes y servicios culturales gratuitos (informaciones, obras de arte, cursos, libros, prensa, etc.) a través de Internet y las redes sociales. Lo pagan los propios realizadores de esas comunicaciones y obras, o empresas que adicionan publicidad a esos bienes y servicios que reciben gratuitamente los usuarios.

Ahora bien, las donaciones - o sea la gratuidad de los bienes y servicios y los derechos que se reivindican sobre ellos – tienen varios problemas, de los que es importante estar conscientes. El problema más grave es la disminución tendencial de la calidad de los bienes y servicios que los receptores obtienen gratuitamente. Varias son las causas de ello:

1. Los receptores de esos bienes y servicios, como no pagan por ellos, tienen menos capacidad de exigir que sean de calidad, y tienen menos opciones para elegir entre alternativas diferentes. Quien decide qué, cómo y cuánto se ofrece gratuitamente, no es el receptor sino el donante. El receptor debe aceptar lo que se le ofrece. Y a menudo está obligado a aceptar el bien o servicio junto con la publicidad muchas veces engañosa que lo acompaña.

2. Como los receptores no contribuyen a solventar lo costos de producción, la cantidad de bienes y servicios que se ofrecen estará limitada por la disposición (voluntaria u obligada) que tengan los proveedores a aportar lo necesario para producirlos. Y como la demanda por lo que es gratuito aumenta considerablemente, el impacto del desajuste entre oferta y demanda recae directamente sobre la calidad de lo que se produce, que disminuye notablemente.

3. La demanda, o sea las expectativas, las exigencias y las reivindicaciones de obtener gratuitamente bienes y servicios, tiende a crecer constantemente. La oferta de

esos mismos bienes y servicios, o sea la capacidad de los que solventan su producción sin beneficiarse, tiende a decrecer en el largo plazo, porque disminuyen los incentivos para realizar el trabajo productivo o para solventarlo financieramente. El resultado no puede ser otro que una creciente insatisfacción individual y social.

4. La recepción gratuita de bienes y servicios, al no implicar un costo o sacrificio para los que se benefician de ellos, hace que esos bienes y servicios sean menos valorados, incluso a veces despreciados, y casi siempre desaprovechados (pues se piensa que estarán siempre allí disponibles gratuitamente). Esto es altamente ineficiente, pues implica mayor desperdicio de recursos de producción, y menor satisfacción de las necesidades humanas.

5. Muchos creadores, trabajadores, productores potenciales de bienes y servicios de alta calidad no los realizan. Sus talentos y capacidades se desperdician o subaprovechan. Ello porque es difícil que encuentren personalmente a quien les pague para que puedan realizar su trabajo, y porque son muy pocos los que están dispuestos a pagar por sus productos de alta calidad debido a que los potenciales clientes encuentran gratuitamente bienes y servicios de menor calidad, que aunque sean deficientes, en alguna medida los satisfacen. Ello genera una gravísima tendencia a la mediocridad, tanto de lo que se produce como de lo que se consume o utiliza.

6. Lo anterior es aún más grave para los que se proponen aportar novedades, cambios, orientaciones nuevas que abran perspectivas inéditas. Porque ellos tienen grandes dificultades para que el Estado o eventuales benefactores pague por su trabajo, para que las personas estén dispuestas a comprar sus servicios y productos, y porque no hay publicidad para lo que ya no sea masivo y consolidado.

Reflexionar y tomar conciencia de todo esto es de gran importancia para comprender la crisis de la civilización moderna, y las dificultades inherentes a la creación y desarrollo de una vida realmente mejor para cada uno y para todos.

VIII

LA ECONOMÍA COMO MOTOR DE LOS CAMBIOS, O UNA NUEVA ESTRUCTURA DE LA ACCIÓN TRANSFORMADORA. *

Pensaba el viejo Marx (el joven era más profundo y menos rígido) que la economía es la estructura y la política una superestructura determinada por aquella. Postulaba sin embargo que la transformación económica y social debía ser actuada desde la política (la denominada "primacía de la política"), conclusión contradictoria con la primera afirmación, pero consecuencia lógica de su convicción de que la economía se desenvuelve conforme a leyes naturales que son independientes de la voluntad de los hombres, y que sólo podría cambiar por propia dinámica cuando el desarrollo inevitable de las fuerzas productivas entrara en contradicción insoluble con las dadas relaciones sociales de producción, determinando el paso a un nuevo

- - - - - -

(Publicado en El Azul del Arcoiris, *Editorial Universidad Bolivariana, Santiago de Chile, 2007)*

modo de producción. Pero si tal fuera el caso, sólo cabría esperar que la contradicción se manifeste naturalmente, no habiendo modo de adelantar el cambio de sistema (excepto postulando que la más potente acción revolucionaria fuera aquella que los propios capitalistas impulsan cotidianamente ampliando sus negocios y acumulando las fuerzas productivas).

Este problema y esta incoherencia original del pensamiento marxista atravesaron toda su historia, y algún debate al respecto aún persiste entre los cultores de esta ideología, con lo que ciertamente la cuestión de las relaciones entre economía y política se ha tornado más compleja, matizada y "dialécticamente" formulada. Con todo, persiste en la cultura marxista, y desde ésta se ha difundido a más amplios círculos intelectuales y políticos, la convicción de que no obstante ser la economía la base determinante de la política, es desde la esfera política que pueden viabilizarse procesos de transformación económica y social suficientemente profundos que pudieran incidir en un cambio del sistema económico. La convicción de la primacía de la política permanece en muchos ambientes intelectuales y políticos progresistas, como una verdad cierta que define las opciones y el accionar de quienes aspiran a cambios profundos en la sociedad, y en particular, a la superación del "sistema" capitalista.

Curiosa incoherencia la de Marx, que afirma que lo determinante de las relaciones sociales, de las instituciones políticas, de la propia cultura, es la estructura económica, al tiempo que afirma enfáticamente que el cambio social y la superación del capitalismo sólo pueden ser realizados desde el nivel de la política. Obviamente, la mediación entre tales conceptos contradictorios reside en la afirmación del Estado como entidad y lugar desde cuyo poder es factible intervenir en la economía mutando sus leyes, no obstante se afirme que el desenvolvimiento de ella es independiente de la voluntad de los hombres. Así, la capacidad de la acción transformadora de los individuos pasa inevitablemente por el Estado todopoderoso, de modo que la conquista del poder político es la clave de toda transformación histórica. La capacidad de las personas y de las organizaciones sociales debe transmutarse en poder político, de lo contrario permanece ineficaz. El único "empoderamiento" social significativo será aquél que pueda expresarse en términos del accionar de los actores políticos.

HACIA UNA NUEVA ESTRUCTURA DE LA ACCIÓN TRANSFORMADORA.

La historia política y económica del siglo XX desmintió radicalmente todas esas creencias marxistas y puso de manifiesto su incapacidad para predecir el desenvolvimiento de la economía y la política y, mucho más importante, para transformar la sociedad y construir una economía más justa. Un siglo entero de

189

luchas y sacrificios realizados por gigantescas multitudes de personas y grupos en todo el mundo, orientadas con mayor o menor precisión y coherencia por aquella ideología, han concluido en ... la realidad actualmente existente, que nadie podría asociar a la sociedad justa e igualitaria, socialista, comunitaria o comunista, prevista y perseguida con pasión. Para decirlo más directamente, la pregonada primacía de la política y los movimientos orientados por aquellas creencias han demostrado en los hechos no servir para transformar el mundo en el sentido deseado.

Hace exactamente 34 años, al analizar el fracaso del proyecto transformador que terminó dramáticamente con un golpe militar en Chile, comprendí el error de aquellas concepciones y convicciones que, desde más cerca o más lejos, presidieron el gran esfuerzo de superación del capitalismo mediante una transformación que se basaba en la supremacía de la política y en poner al Estado como el gran motor del cambio. De toda aquella concepción ideológica y teórica me parecía al menos parcialmente rescatable una idea importante: la fuerza de la economía, que condiciona tan fuertemente la conformación de los grupos y clases sociales, las instituciones y actores políticos, e incluso las ideas y la cultura hegemónica, que no puede posponerse el énfasis en la esfera económica cuando de realizar grandes transformaciones sociales se trata.

Ahora bien, al cuestionarse la primacía de la política y reafirmarse el carácter determinante o central de la economía en la acción transformadora, surge – como condición de la posibilidad de la transformación social - la necesidad de postular, ante todo, que las dinámicas de la economía no sean independientes de la voluntad de las personas sino que éstas las pueden cambiar mediante sus propias opciones, acciones y organizaciones, y luego, que es posible construir una economía no capitalista (y en general distinta a las formas predominantes que se postula reemplazar), basada en relaciones y valores de justicia y solidaridad, que fuera –además- eficiente y económicamente racional. La validación de la eficiencia de cualquier economía que se postule como alternativa aparece como esencial, toda vez que los grandes grupos humanos optarían por ella en la medida que proporcionara mejores satisfacciones de las necesidades de los consumidores y mejores remuneraciones y recompensas a los aportadores de los factores necesarios (trabajadores, ahorristas, gestores, tecnólogos, etc.). De lo contrario, la opción por la alternativa solidaria quedaría restringida a los restringidos grupos de personas dispuestas a sacrificarse en aras de valores éticos superiores, lo que parece bastante poco estimulante en la esfera económica.

En todo caso, era necesario pensarlo todo de nuevo, y en particular, identificar un nuevo modo de concebir, de proyectar y de realizar la acción transformadora tendiente a avanzar hacia una sociedad más justa, equitativa y solidaria. Algunos años después inicié una obra teórica que se ha plasmado en cinco voluminosos libros(1), enunciando en los *Prolegómenos* el muy ambicioso proyecto de "analizar críticamente las potencialidades que tengan distintas formas de acción y organización de la "sociedad civil", para desarrollar fuerzas propias y autónomas de respuesta a la crisis económico social contemporánea y de transformación histórico-política. Ello enmarcado en la búsqueda de una nueva estructura de la acción transformadora, capaz de integrar un sistema coherente de actividades tendientes a la democratización de la economía y del mercado, de la política y del Estado, del conocimiento y de la ciencia."

Me concentré, pues, en el estudio de la economía, del significado de sus supuestas "leyes objetivas", de sus racionalidades heterogéneas, y de sus posibilidades de transformación mediante la actividad creativa y organizada de los individuos y de los diferentes sujetos sociales que ellos pueden constituir. Estudié en profundidad el cooperativismo, el mutualismo, la autogestión y las diversas formas emergentes de organización económica alternativas a las capitalistas.

- - - - -

(1) Sus títulos: 1. *Empresas Cooperativas y Economía de Mercado*; 2. *Las Donaciones y la Economía de Solidaridad;* 3. *Crítica de la Economía, Mercado Democrático y Crecimiento*; 4. *Teoría Económica Comprensiva*; 5. *Desarrollo, Transformación y Perfeccionamiento de la Economía en el Tiempo.*

Descubrí en ellas limitaciones profundas (determinantes de ineficiencias) y enormes potencialidades transformadoras (en la medida que se validaran autónomamente en el mercado). Imaginé que todas ellas pudieran repensarse, renovarse, refundarse en términos de una unificante concepción económica comprensiva, que potenciasen sus elementos de solidaridad y cooperación, perfeccionasen su racionalidad y eficiencia económicas, y que avanzaran hacia un nuevo modo de concebir el proyecto transformador superando la antigua y errónea creencia en la supremacía de la política.

En lo pertinente al tema de este artículo, mi principal conclusión fue que era imprescindible corregir y/o cambiar los modos como pensamos el proyecto, los modos como habitualmente se tiende a concebir lo que es un proyecto de transformación social, los modos cómo se piensa la articulación entre economía, política y cultura, los sujetos y los procesos constituyentes de la acción transformadora. Las experiencias de economía solidaria, sus modos y prácticas de producción, distribución y consumo, me parecieron portadoras de al menos algunos elementos claves de lo que pudiera ser una nueva estructura de la acción transformadora.

En tal sentido, la concepción de la economía de solidaridad comporta una gran novedad teórica, cuya relevancia trasciende en mucho los que han sido sus logros y avances prácticos. Si por un lado la teoría de la economía solidaria se diferencia y se enfrenta claramente al pensamiento neoliberal y a la teoría económica neoclásica que ha acompañado y consolida el modo capitalista de organización de la economía, por otro lado el tema del proyecto nos lleva a enfrentarnos y diferenciarnos respecto del marxismo y su modo de concebir la transformación y la lucha contra el capitalismo, y a aquellas ideologías que plantean una lucha anticapitalista por la vía de la organización política revolucionaria como prerrequisito de una transformación del sistema capitalista para establecer otro modo producción, otro modo de organización de la economía.

Esto adquiere especial vigencia en el actual momento histórico, en que estamos viviendo una etapa del desarrollo del capitalismo y del pensamiento que lo acompaña, en el cual estos parecen predominar ampliamente, tener la hegemonía, no permitir alternativas. Estaríamos en ausencia de propuestas y proyectos nuevos que permitan transformar esa realidad, precisamente cuando más que nunca es urgente su transformación, puesto que como nunca antes el modo de organización de la economía genera injusticias, desigualdades, opresión y todo tipo de deterioros a nivel de la vida social, cultural, medio ambiente, etc. Entonces esta situación de encontrarse la sociedad o de encontrarse quienes buscan o quieren cambios sociales, sin proyectos, es en gran parte el resultado de que fracasó o fue derrotada históricamente, estratégicamente, aquella que fue la principal propuesta de transformación y de lucha contra el capitalismo, que en sus diversas versiones podemos decir que tuvo en el pensamiento marxista su expresión más coherente, orgánica y completa. Eso es lo que, de alguna manera, hoy día debe superarse esencialmente, radicalmente, con el objeto de abrir una posibilidad real de un nuevo proyecto, de una nueva transformación que no experimente el fracaso o la derrota que sufrieron muchos movimientos que lucharon con tanta energía, con tanto sacrificio, con tanto costo humano y social a lo largo de los últimos dos siglos.

Podemos iniciar esta aproximación al tema identificando aquellos aspectos o elementos de la vieja concepción del proyecto transformador (que llamaremos "convencional") que es preciso abandonar y sustituir por una nueva manera de pensarlo y actuarlo.

EL PROYECTO NO CONSISTE EN LA IMPLANTACIÓN DE UN NUEVO SISTEMA ECONÓMICO.

Un primer aspecto o elemento que cambiar es la idea del proyecto como un todo, como un sistema global que se va a implantar en la sociedad. Se supone que todo proyecto tiene un ideal, un modelo, un modo de concebir la sociedad a la que se aspira y que se quiere construir. El proyecto convencional consistía en pensar que un determinado tipo de sociedad existente, definido como un "sistema" económico-social coherente y completo (que sería el sistema capitalista), el cual funcionaliza todas sus partes y es coherente con un cierto modo de organización política, con una cierta estructura del Estado, con una cierta cultura, unas ciertas ciencias, debía ser sustituido globalmente por otro "sistema", que tuviera una nueva y completamente distinta formulación de cómo debía organizarse y estructurarse la economía, y al cual se asociaba una manera completamente distinta de pensar y de organizar el poder político y el funcionamiento del Estado, y al cual debían ligarse también nuevas ciencias, nuevas culturas, nuevas maneras de pensar, de sentir, e incluso de comportarse. Era la idea de que frente a un sistema imperante, había que destruirlo, derrumbarlo y reemplazarlo por otro sistema completo, también global y que también fuera funcional en todas sus partes.

Esa idea, desde la perspectiva de una transformación desde la economía, pierde toda consistencia y se desvanece. Ello en razón del modo como se va constituyendo la economía alternativa (que definimos como solidaria), que no nace con un modelo de sociedad sino que se va creando por una multitud de respuestas a situaciones y problemas reales y actuales. Así identificamos variados caminos o procesos que surgen como iniciativa de personas y grupos que van experimentado formas de responder a los problemas graves que viven en la sociedad actual, que en última síntesis son los problemas que el propio modo capitalista y estatista de organización de la economía ha creado (o sea los problemas que ha ido generando la realidad económica, social, política y cultural que predomina en la sociedad actual).

La economía solidaria es una realidad que se constituye desde la diversidad, que no postula un único modo de organización microeconómica, sino que experimenta y tiene manifestaciones diversas, donde la solidaridad puede a expresarse de muchas formas y dar lugar, por lo tanto, a muy variadas experiencias. Entonces, uno de los contenidos inevitables y necesarios de la economía solidaria y de este proceso en construcción y proyectación de futuro, es **la valoración de la diversidad, la valoración del pluralismo, la valoración de la riqueza de la experiencia humana que sigue diversificándose, que no se puede amoldar a un modelo teórico, a un esquema único**. Por lo tanto, es un proyecto que ya en este sentido se enfrenta al capitalismo que se postula como única racionalidad económica, y que se enfrenta justamente afirmando la posibilidad y la realidad de otras racionalidades (y no digo "otra" sino "otras" racionalidades). Ya en el modo mismo de formularse y de construirse está el decir "somos una parte, somos una posibilidad distinta, somos una alternativa entre varias, somos la propuesta de una racionalidad económica nueva o tal vez antigua pero reformulada, repensada, reconocida teóricamente en su riqueza propia, que no pretende ser la única posible, que no pretende ser la expresión de "la" racionalidad humana o social en general, sino una lógica o racionalidad que es sí misma reconoce diversidad y pluralidad y, por lo tanto, también hacia fuera, hacia lo que no es directamente economía solidaria, es capaz de valorar y reconocer racionalidades distintas en lo específicamente económico y también en otras dimensiones.

Entonces el proyecto de una economía justa y solidaria no se puede formular ni constituir como un modelo, no es un "sistema" que busque rearticular toda la realidad, ni que trate que todos los elementos que la compongan sean funcionales y armónicos. La misma pretensión de que alguien pueda proponer una única manera de organizar bien la economía, es rechazada esencialmente por una propuesta que es "alternativa", que reconoce diversidad interna y también está abierta a reconocer otras racionalidades como válidas. No es un sistema lo que se propone como proyecto, ni pretende ser un modelo al lado del modelo neoliberal, o del modelo de economía capitalista, o del modelo de economía socialista. Es un proyecto que concibe a la propia economía solidaria como componente dentro de un mundo más amplio, como componente de una realidad plural.

NO SE REALIZA LA TRANSFORMACIÓN SOCIAL A TRAVÉS DE LA CONQUISTA Y EL USO DEL PODER.

Una segunda diferencia en el modo de pensar el proyecto se relaciona con el tema del poder. Los proyectos transformadores que han predominado a lo largo de los últimos dos siglos están fuertemente estructurados en torno a la cuestión del poder. Había

198

que construir poder, había que conquistar el poder, había que acceder al poder, para desde el poder realizar la transformación. Y como el poder en la sociedad moderna se encuentra fundamentalmente concentrado o estructurado en el Estado, la tarea principal de la transformación social consistía en una acción de carácter político, tendiente a conquistar posiciones y eventualmente a encabezar y conducir el aparato del Estado, para desde el poder del Estado realizar hacia la sociedad y hacia la economía los cambios que se postulaban como necesarios. Desde ese modo de pensarse la transformación se hacía de la lucha por el poder y del esfuerzo por acumularlo y consolidarlo, la principal actividad cotidiana de quienes aspiraban a realizar la transformación y de quienes aspiraban a concretar el nuevo proyecto. La transformación se preparaba y actuaba en una lucha por el poder.

Desde la óptica de la economía solidaria, donde las experiencias son asociativas, donde las personas que se integran a cada una de las organizaciones se vinculan horizontalmente, entre iguales, como personas que tienen los mismos derechos, entre personas que tienen las mismas posibilidades de participar, el solo plantearse que al interior de la economía solidaria se generen organismos de poder es rechazado. Que al interior mismo de las experiencias de economía solidaria algunos busquen conquistar el poder o manejar las estructuras y atribuirse derechos de imponer decisiones o derechos de conducir, no es coherente con la economía solidaria. Desde esas experiencias se aprecia que cada vez que se genera una estructura de poder, se está generando una estructura de dominio, porque quien tiene poder lo que hace es mandar. El que tiene poder, lo que hace es que otros realicen su voluntad, la voluntad del que detenta el poder, y que los demás se integren o se sumen con acciones, pero no con proyecto propio, sino asumiendo como propio lo que alguien que tiene el poder o que está conquistando el poder, plantea como metas o incluso como estrategias.

Desde las experiencias de economía solidaria, que son economías horizontales y que vinculan a las personas en fraternidad, en comunidad, que surja en cualquiera de estas experiencias un hecho de poder es expresión de algo que contradice la esencia del proyecto. El hecho del poder consiste en que alguien está imponiendo su voluntad, está imponiendo sus ideas, está de alguna manera generando una relación intersubjetiva no solidaria, una relación humana no solidaria, porque está, de alguna manera, dominando, concentrando las decisiones.

Si eso es propio de la experiencia de la economía solidaria, el que ella misma como conjunto se constituya en un poder o llegue a imponerse a la sociedad y a otros como un poder desde el cual realizar los cambios, es contradictorio; inmediatamente se comprende que es imposible proyectar la economía solidaria a través del poder. Porque si queremos generar autonomía, si queremos generar iniciativas independientes, si queremos generar relaciones horizontales entre las personas, entre los seres humanos, no las podemos generar conquistando poder y actuando desde el poder para que en otros lugares se generen vínculos horizontales. Entonces es contradictorio con el proyecto de la economía solidaria y es contradictorio, en realidad, con cualquier proyecto de liberación humana efectiva, con cualquier proyecto de crear comunidad, de crear fraternidad. Aun cuando ese construir poder se lo conciba con propósitos de cambiar la sociedad para generar libertad, para generar igualdad. No se puede generar igualdad creando desigualdad, creando estructuras de poder.

Entonces esa cuestión del poder que está tan fuertemente arraigada en los movimientos sociales que luchan o aspiran a cambios sociales, desde esta óptica desaparece. Y no es un retroceso sino que, al contrario, es comprender la naturaleza del poder. Implica comprender, también - en relación con aquella que señalamos como derrota histórica de los movimientos que habían intentado cambiar la sociedad constituyendo un sistema sobre la base de control del Estado y desde el Estado cambiar la sociedad -, que justamente los grandes problemas que se generaron en aquellas sociedades fue que se estructuraron estructuras verticales y vínculos de poder, en vez de adecuadas formas de participación, por más que la ideología postulara una realidad igualitaria; porque en los hechos se generaban burocracias, poderes concentrados, lugares específicos donde las decisiones eran tomadas por unos pocos y donde el resto de la gente debía sumarse y sólo participar en términos de ejecución de lo planificado centralmente.

DE LA "CENTRALIDAD DE LA POLÍTICA" A LA ACCIÓN DESDE LA BASE SOCIAL SEGÚN EL PRINCIPIO DE SUBSIDIARIDAD.

Entonces, desde esta óptica no podemos pensar la acción transformadora con el concepto de "centralidad o primacía de la política". La propuesta de hacer una revolución que cambie el sistema sobre la base de conquistar el poder del Estado, o sea centrar en el Estado el instrumento o el lugar desde donde se realiza la transformación, llevaba a pensar que la política era la actividad principal, y así se formulaba ese concepto de la centralidad de la política, entendiendo la política como aquella acción tendiente a conquistar posiciones en el aparato del Estado y eventualmente a controlarlo.

Desde la óptica de la economía solidaria no puede postularse la centralidad de la política porque, además de negarse a sí misma, significaría que la conducción de la economía solidaria deba ejercerse desde algún ámbito político, desde alguna organización o estructura política; mientras que la naturaleza propia de la economía solidaria es que su conducción la realizan sus integrantes, en su proceso cotidiano de toma de decisiones buscando cumplir sus propósitos y proyectos asociativos.

Relacionado con esto tenemos un tercer aspecto, que también es muy esencial en términos de la economía solidaria como proyecto, y es que la transformación y la construcción de una nueva sociedad, la construcción social que se quiere realizar en, con y a partir de la economía solidaria, **es una construcción que se hace desde abajo hacia arriba**; que se hace, por decirlo de alguna manera tradicional, **desde la base social, pero en el sentido mas bien de extenderse, porque en realidad no se construye un "hacia arriba", no se construye un poder**.

La lógica de la acción transformadora convencionar era desde el Estado cambiar la realidad hacia abajo, imponiendo decisiones y reestructurando en torno a esquemas, a modelos o a criterios predeterminados. Se intentaba construir una sociedad de arriba hacia abajo. En la lógica de la economía solidaria se construye realidad social de abajo hacia arriba, si es que por arriba entendemos agregación y ampliación de espacios o formas de integración entre realidades diversas que van surgiendo espontáneamente.

Esto se conecta con un principio que es inherente a la economía solidaria, y que es en cierto modo un principio que está unido y que juega dialécticamente con el principio de solidaridad: el principio de subsidiariedad. El **principio de subsidiariedad** es una manera de expresar la idea de que la sociedad se construya desde abajo hacia arriba; principio de subsidiariedad entendido en este sentido, y no en el sentido en que políticamente se lo usa y en que lo instrumentaliza el pensamiento neoliberal para decir que el Estado debe retirarse de la economía, o que el

Estado deba hacerse solamente cargo y focalizarse en los temas de la pobreza.

El principio de subsidiariedad del cual estamos aquí hablando, consiste en que se construye la sociedad desde abajo hacia arriba: **todo lo que puede realizarse a nivel pequeño, a nivel de grupos de base, debe ser realizado por ese nivel, y se traspasa a un nivel de organización más amplia, en el cual esa primera instancia participa junto con otras, para abordar y enfrentar aquellos problemas y tomar aquellas decisiones que involucran espacios más grandes y que no pueden ser resueltos a nivel inferior.**

Incluso este principio de subsidiariedad dice que cada persona es sujeto de derechos y de acciones independientes, y debe desarrollar capacidades de tomar sus decisiones en todo aquello que puede y que le compete, para solamente traspasar al colectivo del cual participa, a su familia o a su empresa de economía solidaria o a su organización social, aquellos aspectos que no puede resolver por sí solo, que transcienden su competencia o que transcienden sus capacidades. Y el pequeño grupo se ha de conectar con otros, vincularse a un nivel más amplio, por ejemplo a un barrio o a una realidad local o comunal, para resolver esos problemas que competen a ese colectivo más amplio, y asumiendo la solución de todos los problemas que puedan ser resueltos al nivel de esa organización local, y sólo aquello que competa decisiones más amplias, que no pueda ser resuelto a nivel de esa localidad o de esa comunidad, debe ser transferido a un nivel superior.

Finalmente, entonces, al Estado le compete asumir todo aquello que la sociedad no puede resolver a través de sus múltiples organizaciones y partes. El Estado, por lo tanto, es en cierto sentido - podríamos decirlo así – residual. Es subsidiario en ese sentido, o sea asume y se responsabiliza de aquello que compete al conjunto de la sociedad, y de aquellos problemas y aspectos que no pueden ser afrontados adecuadamente en los niveles inferiores.

Esta es una manera de construir sociedad que potencia la vida, que multiplica las posibilidades, que genera diversidad y que permite el desarrollo humano y social. Porque si antes de que alguien afronte los problemas que vive, experimenta o sufre, se le atribuye la responsabilidad de resolverlos al Estado, o él mismo espera que se los resuelvan desde arriba, ese sujeto individual o colectivo está atrofiando y negando a sí mismo sus capacidades de desarrollo, está impidiendo el despliegue de sus capacidades de realizar soluciones a esos problemas, limitándose a exigir o a esperar que se los resuelvan desde arriba. Entonces no se desarrolla, como los niños cuyos padres les resuelven todos los problemas y no les dejan hacerse cargo de asuntos que ellos pueden resolver: esos niños quedan atrofiados, dependientes y permanecen infantiles el resto de su vida.

Cuando el Estado se hace cargo de problemas sociales que pueden ser resueltos por una comunidad local, y la comunidad local acepta que los resuelva el Estado, se está produciendo una gran injusticia y un grave deterioro moral, humano y social, en cuanto se están creando condiciones que inhabilitan a las personas y a la comunidad para enfrentar sus problemas.

Hacerse cargo de la salud, hacerse cargo de la educación y del desarrollo del conocimiento y de la difusión de la cultura, es responsabilidad de las personas, de las familias, de las comunidades locales que tienen la tarea de encontrar las formas más saludables de vida, de enfrentar los problemas de salud que se generan allí, y de desarrollar el conocimiento y de perfeccionar el acceso a las informaciones y a las diferentes culturas y artes y ciencias.

Si una comunidad renuncia a desarrollar el conocimiento, a preocuparse de su salud, a encargarse de organizar la vida de manera tal que esas necesidades esenciales estén satisfechas para sus integrantes y dice: "esto el Estado debe hacerlo, el Estado debe preocuparse de la salud de los ciudadanos, y por lo tanto también de nuestra salud, el Estado debe preocuparse de la educación de los ciudadanos y, por lo tanto, él nos dirá qué debemos saber, él nos ayudará y nos hará desarrollar los conocimientos", entonces nuestra capacidad de generar conocimientos, nuestra capacidad de generar salud o de generar cultura o generar arte se atrofia. Que el Estado resuelva el problema de quienes viven en la pobreza, que el Estado se haga cargo de los problemas del trabajo, que el Estado arregle la situación de lo pueblos indígenas. Y con eso los pobres siguen siendo pobres, los trabajadores siguen esperando que le den sentido a su trabajo, y los pueblos indígenas no se van a desarrollar, sino que el Estado va a mantenerlos en la dependencia, pues no es posible que otros les generen auto-desarrollo y recuperación de su identidad, desde afuera. Eso es incoherente.

DESARROLLO DE CAPACIDADES Y RECUPERACIÓN DEL CONTROL DE LAS PROPIAS CONDICIONES DE VIDA.

La economía de solidaridad construye la sociedad desde iniciativas autónomas, y en ese proceso su proyecto es expansivo. Se trata de que las personas y las comunidades y los grupos humanos recuperen el control de sus propias condiciones de vida, o sea recuperen lo que han perdido, lo que han delegado, lo que han esperado que resuelva el capital o las empresas o el Estado.

El proyecto de la economía solidaria es un proyecto que se construye él mismo de abajo hacia arriba, en cuanto cada persona que participa en la economía solidaria tiene su propio proyecto de economía solidaria, que es su participación en ella y que es el potenciamiento de sus capacidades y recursos para insertarse en una nueva economía, en una economía solidaria. Y quienes forman el grupo de una pequeña empresa de economía solidaria, su proyecto consiste en desplegar ese grupo, en desplegar esas capacidades, en potenciar esa organización para realizar de la mejor manera la economía solidaria, el proyecto específico, la experiencia que se propusieron desarrollar. Y cuando se articula una red o un circuito de economía solidaria integrando diferentes unidades y diferentes organizaciones para potenciar y relacionarse solidariamente entre sí, y potenciar el volumen de sus operaciones y alcanzar mayor eficiencia, el proyecto a ese nivel consiste en desplegar ese circuito, esa red, esa integración de experiencias distintas, para que se potencie esa economía solidaria, se haga mas solidaria, se haga mas amplia e integre a nuevos sujetos. Y así entonces, hacia arriba, cuando a nivel de un país se va generando todo un sector de economía solidaria, e incluso a nivel internacional cuando se va generando una dinámica de integración, ella será el resultado de este proceso que parte desde abajo hacia arriba y que se va articulando allí donde, en cada nivel, se van afrontando específicos problemas y específicas dinámicas, y se van desplegando las lógicas de la economía solidaria en esos respectivos niveles.

Por eso que la lógica de desarrollo "hacia arriba" podemos expresarla mejor diciendo que es "hacia el lado", la vecindad, los próximos. O sea es agregación, no delegación de poder, no delegación de representación. Hay una tendencia a estructurar procesos de delegación y concentración del poder en las organizaciones orientadas políticamente a la construcción de poder. O sea, generar instancias de integración en las cuales se delegan poderes a niveles superiores, con lo cual se van conformando cúpulas de conducción. Se crea primero una organización de muchos, de primer grado; después un segundo grado, una federación; después un tercer grado, una unión más amplia; después una central, y entonces, los grupos van delegando poder hacia arriba en vez de ir desplegando todas las capacidades que tiene cada grupo y de irse construyendo la articulación desde abajo.

Por eso me parece que más importante que generar instancias nacionales o internacionales de economía solidaria, es ir construyendo la economía solidaria localmente, sin negar que ciertas instancias mayores y encuentros amplios puedan ser útiles para ir potenciando el desarrollo del movimiento, para irlo afirmándolo socialmente, para irlo validando ante los mismos integrantes por el hecho de saber que también en otras partes hay otras organizaciones similares. Esos encuentros, esas instancias de articulación, no deben generar estructuras de poder que van a administrar el movimiento, sino instancias articuladoras, redes horizontales. Así, después del encuentro, congreso o reunión, cada grupo vuelve al lugar donde opera, potenciado en vez de salir debilitado, con más atribuciones que antes. No habiendo delegado, no habiendo perdido parte de su ámbito decisional.

CONTENIDOS ESPECÍFICOS DEL PROYECTO DE LA ECONOMÍA SOLIDARIA.

Si me piden identificar elementos más específicos del proyecto de la economía solidaria puedo mencionar, en primer lugar, que el hecho mismo de pensar la construcción y la transformación de la sociedad de esta manera es un importante elemento particular del proyecto, porque con ello se ponen las bases de un proceso participativo real, generando un gran potenciamiento de las personas, de las comunidades, de los grupos, de los barrios, de las organizaciones locales, de las regiones, y al final será también del Estado o de los Estados de la comunidad internacional, pero en esta dinámica ascendente

Eso es ya una gran transformación, la primera gran transformación necesaria: cambiarnos de mirada y de perspectiva y de manera de organizarnos y de actuar. Construir una sociedad de abajo hacia arriba es algo que no ha ocurrido desde hace varios siglos en la humanidad, pues en la época moderna las sociedades se han construido desde el Estado y, por lo tanto se han constituido acumulando poder en pocas manos, construyendo entidades de dominación, y en consecuencia con exclusión. Porque cuando se construye desde arriba y se trata de controlar los procesos, a los que no están de acuerdo habrá que excluirlos. Esta nueva manera de construir el proyecto es ya un contenido completamente nuevo de la sociedad que se quiere realizar y desarrollar, que será una sociedad, por lo tanto, plena de diversidad y plena de desarrollo humano, en donde los seres humanos podremos realizar lo que la economía solidaria está ya realizando: potenciarse en sus propias capacidades, desarrollo personal, desarrollo grupal.

Otros importantes contenidos específicos los identificamos en el propio proceso de las experiencias solidarias, ante todo porque proyecto de la economía solidaria es constituirse a sí misma. En primera instancia: **ser**, voluntad de ser y de expandirse socialmente. Voluntad de ser, que se expresa en los tres niveles de realidad económica: micro, sectorial y macro.

EL PROYECTO DE LA ECONOMÍA SOLIDARIA A NIVEL MICROECONÓMICO.

El proyecto de la economía solidaria tiene distintos niveles, igual como los tiene la economía en general. Hay un nivel microeconómico, otro que podemos llamar medio o sectorial, y hay también un nivel macroeconómico. Y en esos tres niveles, que son: a) el proyecto de la empresa o de la unidad económica solidaria; b) el proyecto del sector de economía solidaria; y c) el proyecto para el conjunto de la sociedad, la teoría proporciona algunas orientaciones que pueden incluso ser bastante precisas. Comencemos a nivel micro, a nivel de la unidad económica.

Toda unidad económica se forma por determinadas personas que tienen ciertos objetivos: quieren crear una empresa, buscan obtener ciertos beneficios a través de su operación. Y esa unidad económica como tal (o sea no solamente desde el punto de vista de lo que persiguen sus integrantes sino también desde lo específico de la racionalidad económica solidaria), tiene su proyecto.

¿Qué dice la teoría sobre el proyecto que puede plantearse desarrollar una empresa de economía solidaria que se constituye? Naturalmente, el objetivo genérico de una empresa es generar valor económico, generar riqueza, distribuirla entre los sujetos que aportan sus factores económicos, de tal modo que ellos mejoren su calidad de vida o tengan los beneficios que corresponden a la inversión, el esfuerzo y el trabajo que hicieron en ella. Pero en cuanto empresa de economía solidaria, en cualquier momento de su desarrollo ella se plantea como meta alcanzar la plena coherencia con la racionalidad de la economía solidaria, lo que solamente pueden lograr en cuanto alcancen **autonomía**. Este concepto se presenta como crucial, y en concreto significa que todos los factores económicos integrantes de la empresa, lleguen a ser propios del sujeto o del colectivo que la crea y organiza. Es decir, que la empresa funcione con factores propios y no con factores externos.

Teóricamente no hay obstáculo ni dificultad para que una empresa pueda constituirse, desde sus comienzos, con todos los factores propios. Si hay un grupo de personas suficientemente provisto con todos estos factores, y esos sujetos deciden integrarlos en una operación conjunta en una empresa, naturalmente se crea una empresa donde todos los factores, siendo propios, son aportados y operan con la lógica de la economía solidaria. Y por lo tanto tenemos una empresa de economía solidaria autónoma, que no tiene ningún vínculo de dependencia con factores externos, que puedan ponerle exigencias de relacionarse y actuar con lógicas ajenas.

Pero es improbable que una empresa logre que un grupo humano tenga de partida todo lo que necesita, por lo cual tiene que recurrir a factores externos. Por ejemplo, podrá recurrir a un crédito. Si recurre a un crédito tendrá que operar con ese factor financiero con la lógica que le impone el banco o la entidad que le otorgue el crédito. Ese recurso financiero no es propio, por lo tanto no lo puede tratar como quisiera y como corresponde al tratamiento del factor financiero propio. Porque no lo posee tiene que remunerarlo como un factor dependiente, en cantidades fijas, que serían cuotas de acuerdo a una cierta taza de interés que le es impuesta o que negocia con el sujeto que le aporta el crédito. Si esa empresa va pagando el crédito, amortizándolo, poco a poco se hace autónoma en relación con ese factor financiero. Es decir, si esa empresa logra generar por su propia operación los recursos necesarios para invertir y para ampliar y para cubrir todas sus necesidades financieras, ganó autonomía porque logró integrar este factor inicialmente externo, a la lógica del grupo solidario.

Lo mismo puede pasar con respecto a la gestión, es posible que en una cooperativa o en una empresa de economía solidaria las capacidades de gestionar con eficiencia esa empresa, de relacionarla con el mercado, de organizar la operación productiva, no estén todavía desarrolladas internamente por parte del del colectivo, y entonces sea necesario contratar un gerente, o sea una gestión externa. Esa gestión en cuanto contratada, externa, va a implicar a que esta empresa no sea

213

plenamente de economía solidaria, puesto que experimenta cierta dependencia respecto a ese factor externo que ella no posee, que no poseen sus integrantes y que por lo tanto le va poner condiciones, y lo va tener que remunerar de una cierta forma convencional, va a estar sujeta a su modo de tomar decisiones, que no es el que corresponde exactamente a una autogestión solidaria. Por lo tanto, en el proyecto de la economía solidaria de esa empresa a nivel microeconómico, estará que dicho factor se integre, o sea que el colectivo desarrolle las capacidades de toma de decisiones y un sistema para hacerlo eficientemente en tiempo útil, con el mínimo de pérdidas en el proceso, etc.

Lo mismo puede ocurrir, aunque en menor coherencia con la economía solidaria, si la fuerza de trabajo es externa. ¿Fuerza de trabajo externa qué significa? Que todas las necesidades de trabajo humano, de fuerza física y mental, necesarias para desarrollar las actividades, no pueden ser aportadas por el colectivo, por el grupo constitutivo de esa empresa solidaria, y tiene que contratar trabajo externo. Ese trabajo externo de alguna manera le impone restricciones a la coherencia de la economía solidaria y la hace perder cierta autonomía: se ve obligada a regirse respecto a ese trabajo a la manera de la empresa capitalista, de acuerdo a las leyes y a la regulación laboral de un trabajo asalariado o dependiente. Pero el trabajo asalariado no corresponde a la lógica de la economía solidaria, por lo tanto hay algo de autonomía que le falta. En la medida en que integre a esos trabajadores a la economía solidaria, en que el colectivo de trabajo pueda ser propio, ya no externo, esa empresa va a ganar autonomía.

Lo mismo podrá ocurrir con los medios materiales de producción. Si una empresa arrienda, por ejemplo, un local donde funciona, ese local no le es aportado en las condiciones de la lógica de economía solidaria por sus dueños, sino que tiene que pagar una renta fija. Bueno, experimenta una sujeción a un factor externo que no controla plenamente.

Y lo mismo ocurrirá con respecto a la tecnología, con respecto al dominio del conocimiento, a la capacidad de innovar. Si la empresa no ha desarrollado el conocimiento de todos los elementos técnicos, de diseño, de capacidad de innovación, por parte de su colectivo tendrá que experimentar dependencia de un cierto factor externo.

El proceso, desde el punto de vista estructural, tendiente a crear una economía solidaria plena, que es lo que la conduce a la autonomia, consiste en convertir en propios de la empresa todos los factores ajenos con que opera. Cuando logre eso, todos estos factores van a adquirir plenamente la forma de la economía solidaria; no va a haber trabajo asalariado sino trabajo asociado, realizado en amistad; no va a haber una gestión contratada sino autogestión participativa; el financiamiento no va ser un crédito sino que van a ser recursos propios; etc. **Desde el punto de vista**

estructural, por lo tanto, la teoría nos dice que cada empresa de economía solidaria puede y debiera proponerse como proyecto, alcanzar la plena autonomía para operar con su racionalidad de economía solidaria en todos los aspectos que hacen a su operación interna. Sólo en ese momento podrá vincularse con todos los sujetos en términos plenamente justos y solidarios. Mientras eso no ocurra tendrá que experimentar injusticias y/o realizar algún tipo de injusticias, o experimentar algún tipo de relación que no es adecuadamente solidaria con sujetos que aportan cualquiera de estos factores externos, o va a haber relación de poder, etc.

Desde el punto de vista no ya de la estructura sino de la **operación**, obviamente no hay mucho que decir, cada empresa lo sabe: su objetivo, su proyecto, consiste en desarrollarse, en alcanzar un tamaño óptimo; no necesariamente se trata de crecer de manera indefinida, como ocurre en la lógica capitalista en que pareciera que el objetivo de cualquier empresa es crecer y crecer, pues ahí no hay límites, pues lo único que crece es el Factor Capital, el factor organizador. En una empresa de economía solidaria el crecimiento es un crecimiento armónico, todos los sujetos son integrantes del colectivo, por lo cual su crecimiento va a estar marcado fundamentalmente por su capacidad de integrar en el grupo solidario (Factor C) a los sujetos aportadores de todos los factores. Es decir, generar una comunidad de trabajo integrada.

En relación con este tema surge una cuestión que muchos se formulan: ¿por qué pareciera que al comienzo los grupos parten muy solidarios y después terminan muy capitalistas, parten con mucha mística que se va perdiendo en el camino y se burocratizan? Se nace con una intencionalidad de economía solidaria y se pierde con el crecimiento de la empresa. La teoría de la economía solidaria no encuentra causas estructurales para perder coherencia a través del proceso de crecimiento, pero sí explicaciones de porqué en muchos casos, a medida que se crece, a menudo se va perdiendo la coherencia con el espíritu solidario.

La explicación está implícita en lo que acabamos de exponer: **se pierde coherencia cuando se pierde autonomía**. Cuando se está experimentando algún grado de sujeción a factores externos que no se logra controlar, que no se logra convertir en propios. Entonces, de pronto una empresa que se financia con créditos está tan obligada a operar para obtener ingresos monetarios para pagarlos que todo su funcionamiento pasa a ser muy controlado por este factor financiero, o también ocurre a veces que no logran integrar al factor gerencial, el factor de gestión, entonces ese factor de gestión, desde fuera les impone y les lleva a la dependencia, y les hace perder coherencia con la economía solidaria. Y lo mismo puede pasar en algún cierto tipo de empresas cuando se depende tecnológicamente. Entonces la autonomía es esencial para la coherencia con el proyecto de la economía solidaria. Y la autonomía consiste y se alcanza cuando una empresa tiene en sí todos los elementos necesarios para operar, cuando tiene todos los factores económicos como factores propios.

EL PROYECTO DE LA ECONOMÍA SOLIDARIA A NIVEL SECTORIAL.

Hay un segundo nivel del proyecto de la economía solidaria, que es el nivel de la integración como sector, el nivel sectorial. Las empresas no son islas, la economía solidaria no pretende ni desea ni busca entidades económicas que estén aisladas y que simplemente se relacionen con otras en términos competitivos, sino que busca articular vínculos y crear circuitos económicos, y entramar relaciones económicas de unas unidades económicas con otras. Y buscar, por lo tanto, construir un sector de economía solidaria integrado.

Un sector de economía solidaria no consiste simplemente en que existan aisladas muchas empresas de economía solidaria. El sector se constituye cuando esas empresas se entraman, se articulan, generan vínculos, redes, y construyen concretamente circuitos económicos. No se trata, en ese sentido, solamente de que se conozcan, sino que sus actividades y relaciones económicas empiezan a operar con una lógica solidaria, que interactúen en el ámbito económico y empiezan a operar entre ellas con una lógica de economía de solidaridad.

Aquí aparece como tema de proyecto algo muy importante, algo que se preguntan siempre las organizaciones cuando se plantean la necesidad de formar parte de redes, de crear organizaciones más amplias, de crear organizaciones de segundo y de tercer grado que las agrupen. De hecho hay un despliegue de actividades tendientes a crear encuentros, a crear organizaciones de integración. En este ámbito también la teoría de la economía solidaria proporciona maneras de concebir, criterios orientadores, que son distintos a los que son habituales en otros tipos de movimientos y de procesos.

Por ejemplos los movimientos sindicales tienen ciertas estructuras donde las organizaciones buscan y crean organismos de representación, organismos tendientes a tener voz y poder en instancias más amplias. La economía solidaria no excluye la posibilidad de que se creen redes horizontales y de que se generen algunas instancias en que muchas empresas o unidades económicas solidarias, no pudiendo cada una cumplir ciertas tareas y propósitos, se junten con otras y crean una instancia más amplia de acuerdo a ese principio de subsidiariedad de que hablábamos antes, y para que representen un cierto sector. Pero hay diferencias con la lógica de integración tradicional de los movimientos sindicales por ejemplo, o incluso con la de ciertos movimientos cooperativos que copiaron ese modelo de organización, y que tienden a crear organizaciones de segundo grado agrupando las de un mismo tipo, o las que están en la misma localidad, o que producen el mismo tipo de bienes y servicios, y de ahí pasan a crear una federación y de ahí a una unión o centrales.

Los vínculos económicos son fundamentalmente los que se establecen entre las empresas, en función del acceso a ciertos recursos, del acceso a ciertos factores productivos, y para el potenciamiento en el uso u operación de esos factores productivos. Decía que una empresa de economía solidaria autónoma, como unidad económica, es aquella que posee todos los factores, pero que lo normal es que lo los posea todos; y aunque todos los que llegue a operar una empresa sean propios, sigue necesitando captar factores y sigue necesitando operar con mayor eficiencia los factores que posee. Y en ese sentido y en función de aquello, la vinculación con otras empresas de economía solidaria que tienen las mismas necesidades de acceder a factores, las mismas necesidades de mejorar la operación de esos factores, orienta a cada unidad económica a vincularse con otras entidades de la economía solidaria.

Por ejemplo, con respecto al financiamiento, es posible y necesario para ampliar las operaciones y tener un buen uso de los recursos financieros que se generan y que se utilizan en la economía solidaria, **establecer instancias de intermediación financiera** al interior del sector de economía solidaria: una cooperativa de ahorro de crédito, un fondo de financiamiento rotatorio, etc. ¿Qué significa esto? Que las organizaciones y las empresas de economía solidaria pueden tener en determinados momentos ciertos excedentes financieros que no ocupan; pues bien, en vez de llevarlos a un banco en donde ese recurso va a ser utilizado fuera del sector, lo pueden integrar en una instancia de integración inter-solidaria. De tal manera que los recursos excedentarios financieros, transitoriamente no empleables con eficiencia en una empresa, pueden ser necesitados por otras empresas del propio sector de economía solidaria que necesita hacer una inversión, que necesita algún recurso financiero del cual en determinado momento carece. Cuando un conjunto de empresas de economía solidaria genera una instancia de intermediación financiera, se logra que el factor financiero disponible por el conjunto del sector adquiera un funcionamiento más eficiente y circule al interior del sector con eficiencia, y sobretodo con la lógica de la economía solidaria, puesto que no sale del sector y al salir del sector ese recurso financiero empieza a operar con otra lógica. Entonces la construcción de un sector de economía solidaria puede requerir la creación de entidades de intermediación del factor financiero estructuradas con la lógica de la economía solidaria, donde los integrantes de esta entidad sean socios cooperantes en el manejo de este recurso financiero que se articula dentro del sector.

Con respecto a las posibilidades de integración sectorial entre las empresas de economía solidaria, podemos ver que respecto a cada uno de los seis factores es posible generar instancias de intermediación y de articulación y de manejo cooperativo y solidario de esos recursos.

Por ejemplo, la fuerza de trabajo. Decíamos que una empresa de economía solidaria idealmente no debe trabajar con trabajadores externos, sino que los trabajadores sean socios. Pero puede ocurrir lo mismo que con respecto al factor financiero, a saber, que en determinadas coyunturas o circunstancias exista trabajo excedentario en una empresa, porque hay menos ventas, disminuye la actividad productiva y entonces las necesidades de trabajo de la empresa son menores que las del personal con que funciona, y esto les lleva a un cierto desequilibrio en su organización de factores, y les aumenta sus costos de producción y le hace perder eficiencia. En otro momento o en el mismo momento, puede existir otra empresa que tiene oportunidades de negocios y que tiene que expandir su actividad, que no puede pensar que esa ampliación será permanente, por lo que no debiera incorporar como nuevos socios a todos los trabajadores que integra temporalmente. Entonces muchas empresas se ven llevadas a contratar trabajos asalariados por periodos transitorios, interrumpiendo en ese aspecto la lógica de la economía solidaria.

Lo que podemos visualizar es que la economía solidaria genere instancias de intermediación de fuerza de trabajo, que estreche los vínculos entre las empresas y al interior del sector en torno a este factor. Por ejemplo, trabajadores que una empresa en determinado momento no necesita, porque está reduciendo sus actividades, pueden sin dejar de pertenecer al sector de la economía solidaria, trabajar en otras empresas que en ese mismo periodo puede necesita una fuerza de trabajo mayor. La creación de una Bolsa de Trabajo sería una instancia de intermediación del factor trabajo, que permitiría además que los trabajadores que se integran a las empresas de economía solidaria no tengan que entrar y salir del sector, sino que puedan moverse entre empresas del sector que están cooperando entre ellas. Esta instancia de intermediación puede ser muy útil para cada empresa, además, en sus procesos de selección de la fuerza de trabajo, en sus procesos de formación y de calificación de la fuerza de trabajo. Toda empresa de alguna manera invierte en perfeccionar las capacidades de sus trabajadores, y el ideal es que ese esfuerzo realizado por cada empresa permanezca allí, pero en este caso, que permanezca dentro del sector. La economía solidaria desarrolla mucho las capacidades de las personas y convendría que esas personas no se retiren de la economía solidaria, si en determinados momentos la empresa tiene que reducir la cantidad de trabajadores con que puede operar.

Lo mismo puede ocurrir con respecto a la tecnología, a las necesidades de conocimiento. Las tecnologías no son neutras, los conocimientos que se desarrollan en las empresas y en las sociedades están fuertemente vinculados al tipo de economía. Muchas de las tecnologías modernas son funcionales a la economía capitalista. El conocimiento necesario para el desarrollo de la economía solidaria requiere que existan instancias de desarrollo tecnológico, de acumulación de conocimientos, de investigación científico-técnica, de formación técnica de los sujetos que integran al sector. En este sentido hay experiencias, y es perfectamente posible pensar que mediante el aporte y la contribución de muchas empresas del sector, se generen instancias de desarrollo tecnológico a nivel de formación profesional, de universidades, etc. donde se generen tecnologías, es decir saberes aplicables y utilizables en el sector, y personas que estén en condiciones de operar con esos saberes, conforme a la lógica de economía solidaria. Es una suerte de intermediación de conocimientos, una suerte de reciprocidad de saberes, porque cada empresa desarrolla expertia en distintos temas, y entonces en esas instancias puede generarse una interacción entre empresas, enriqueciéndose todas con esos conocimientos y esas tecnologías.

A nivel de los medios materiales también es posible generar instancias de intermediación de maquinarias, herramientas, y también formas a través de las cuales puedan compartirse espacios, locales de funcionamiento, locales comerciales, espacios de producción, o hacer compras en conjunto de materias primas, etc. Todos mecanismos de intermediación o de articulación intersectorial con respecto al factor medios materiales.

También con respecto a la gestión es posible desarrollar cooperación en el sector, para no tener que recurrir a gerentes que operen con una lógica capitalista, provistos por universidades que los han formado de acuerdo a formas no solidarias de gestión de empresas. Es posible generar mecanismos de integración de la gestión en el sentido de aprendizajes, de procesos formativos y en el sentido de ir perfeccionando sistemas de tomas de decisiones, de organizar procesos de capacitación para la gestión y elaboración de los conocimientos correspondientes.

Finalmente en cuanto al Factor Comunitario, se trataría de compartir el espíritu, ir creando una conciencia, una voluntad, una emoción compartida, no solamente por los integrantes de una empresa sino por los integrantes de muchas empresas que sean parte de la economía solidaria. Sentir el sector de la economía solidaria como propio, tener un proyecto común, esforzarse en su desarrollo sobre la base de instancias de integración entre colectivos, a través de redes. Es decir, crear un Factor C a nivel del sector de economía solidaria, crear un movimiento integrado por un proyecto común del cual se sientan parte las personas y los grupos en que participan muchas empresas, que tengan ocasiones de encuentros periódicos, que desarrollen también una ritualidad, elementos culturales y artísticos que les den identidad, y también que potencien un proyecto colectivo, una voz, una capacidad de defender al conjunto del sector o de hacer presente sus propósitos ante el Estado, en el mercado, en el mundo cultural, en el mundo científico, etc.

Lo que hacen todas estas instancias de intermediación, que articulan al sector, es darle autonomía al conjunto de la economía solidaria, y potenciar las posibilidades autónomas de cada una de las empresas de este sector. Usamos en ese sentido, nuevamente la palabra autonomía conectada con la coherencia, con la racionalidad de la economía solidaria. O sea, cuando decimos "autonomía", significa posibilidad de operar con coherencia, con la racionalidad de la economía solidaria, no experimentar influencias externas que distorsionen. La experiencia del sector cooperativo a lo largo de los siglos que tiene de trayectoria, ha enseñado que mantener la autonomía es una de las cosas más difíciles, que se experimentan dependencias tanto respecto a las lógicas capitalistas como respecto al Estado y sus modos de organizar y relacionarse.

EL PROCESO DE CONSTRUCCIÓN DE LA AUTONOMÍA.

Hay una dimensión de la autonomía que quisiera resaltar para mostrar que esto que hemos expresado en términos muy económicos, y que aparece como si fuera un simple resultado de articulaciones técnicas, es un proceso mucho más complejo. Por esto conviene decir algo más sobre cómo las empresas de la economía solidaria pueden experimentar un desarrollo, y el sector de la economía solidaria puede expandirse y crecer, manteniendo su coherencia.

Existe en todos los movimientos alternativos y transformadores, y ha ocurrido también en el cooperativismo y en la autogestión, un gran temor a que lo transformen desde fuera. Un gran temor a perder los objetivos, la identidad. En busca de eficiencia muchas empresas y organizaciones terminan adoptando criterios propios del capitalismo, o sujetas al Estado. La economía solidaria en esta fase de su desarrollo, y tal vez por un largo periodo de tiempo, requiere trabajar para alcanzar autonomía como sector. Porque muchos errores y decisiones que se han tomado en los movimientos cooperativos derivan del temor a la dependencia. La tarea es consolidar la autonomía, que no significa no estar relacionado con el resto del mundo, sino relacionarse con todos (con todas las empresas y con el mercado y con el Estado), pero relacionarse conforme a la propia realidad, o sea, con la propia lógica, sin experimentar una sujeción a las lógicas que les quieran imponer desde fuera.

Pero hay algo más que podemos en este sentido destacar, recurriendo a Antonio Gramsci, que hace una reflexión muy interesante sobre la autonomía. Dice "que un movimiento social o una persona alcanza autonomía solamente cuando accede a un punto de vista superior, a un vértice inaccesible al campo adversario", lo cual significa que para ser autónomo hay que estar en condiciones de comprender las otras racionalidades, pero habiendo alcanzado un punto de vista superior. Porque si uno tiene un nivel cultural inferior, un nivel de conocimiento inferior, quien posee una visión más amplia, quien posee una visión más profunda estará en condiciones de subordinarlo permanentemente, de "cooptarlo". Para acceder a un punto de vista superior hay que haber desarrollado la propia racionalidad al máximo nivel científico posible.

Si la economía cooperativa no ha accedido a la autonomía y ha experimentado tanta dependencia respecto al capitalismo y al Estado, es precisamente porque careció de una teoría económica propia, situación que la ha llevado a manejarse en relación con el acceso a los factores y su manejo, con racionalidades externas.

Sólo teniendo una teoría científica propia puede accederse a la autonomía, a ese "vértice inaccesible" del que habla Gramsci. ¿Qué es un vértice inaccesible? Un vértice inaccesible es una teoría económica comprensiva que expresa la propia racionalidad, pero que además es capaz de comprender las otras racionalidades económicas. Y no rechaza el neoliberalismo como falso o la teoría neoclásica como errónea, sino que la comprende como expresión de una cierta racionalidad, distinta a la propia, pero que es una racionalidad, que no esté configurada por errores científicos, sino que es expresión de otro modo de organizar las empresas y de organizar las relaciones económicas. Y comprendiéndola, es capaz de criticarla, pero también de aprender de ella, de integrar al propio modo de ser todos aquellos elementos de las empresas diferentes que puedan ser aprovechados.

Por eso estamos en condiciones hoy, con la teoría de la economía solidaria y la teoría económica comprensiva, de asumir el concepto de empresa en la economía solidaria que busca generar utilidades y no declararse "sin fines de lucro", y no tiene temor a integrar el concepto de eficiencia, y afirmar que es indispensable asumir el mercado como el campo donde deben descubrirse y aprovecharse las oportunidades. ¿Por qué? Porque tiene un concepto de economía superior que le permite modificar el concepto de empresa, que le permite concebir lo que es la utilidad de otra manera

228

que como la entiende el capitalismo, y concebir que la eficiencia se alcanza a través de formas organizativas completamente diversas, y se puede aprender del adversario, porque se llegó a un punto de vista superior, inaccesible. El que está en un punto de vista superior, más amplio, ya es autónomo, no puede experimentar dependencia, no hay temor de perder identidad, se accedió a una visión comprensiva, a una visión amplia. Yo puedo expresar con toda libertad que el proyecto de la economía solidaria no es un proyecto estatista y que es un proyecto que acoge el principio de subsidiariedad, y decir que eso no significa asumir una lógica neoliberal sino de genuina economía solidaria.

Hay en este sentido una formulación muy interesante del proceso de "conquista de la autonomía, formulado por el mismo Gramsci. Dice que "todo movimiento social, que tiene intención transformadora, pasa por tres grandes etapas o fases en su desarrollo".

La primera fase, dice Gramsci, es la fase de la **escisión**, de la **separación**, del diferenciarse. Esta economía solidaria en su primera fase busca diferenciarse, separarse de la economía capitalista, expresar su propia identidad, mostrar que es distinta, afirmarse en esa diferencia. Tiene que separarse para expresar algo distinto. Pero dice Gramsci que esa es una fase primitiva, pues mientras se está separado no se está en condiciones de transformar la realidad, se está solamente creando condiciones para ser protagonista, para ser actor, para ser sujeto. Pero separado, todavía no interactúa con la realidad.

De la fase de la separación se pasa a la fase del **antagonismo**, en el cual se empieza a combatir la "realidad otra" desde la cual se ha separado: se lucha **contra**, se critica, se denuncia, se desarrolla una acción de lucha, se está en antagonismo. En este caso el movimiento cooperativo critica, denuncia, combate a la economía capitalista. Entonces se experimenta que el adversario también actúa y combate, y aparece el peligro de que uno se subordine y pierda, y le introduzcan contrabando ideológico, y le introduzcan maneras de pensar o racionalidades que no son las propias. Entonces hay un gran esfuerzo, que suele ser dogmático en esa fase, para evitar cualquier contaminación, porque cualquier contaminación debilita el antagonismo.

Dice Gramsci que cuando se está en el antagonismo, todavía se está en una fase primitiva, porque se está experimentando la dependencia del adversario, porque uno se está definiendo "contra", se está definiendo "anti": somos anticapitalistas, somos sin fines de lucro, somos *non profit*, estamos afirmando el antagonismo, estamos criticando la otra economía. Pero todavía nos estamos definiendo por ella, es ella la que nos define por negación.

La tercera fase que Gramsci dice que es necesaria para que un movimiento realmente alcance la capacidad de transformar la realidad, es justamente la fase de la **autonomía**. Ya no solamente separación, ya no solamente antagonismo, sino autonomía que consiste en elevarse a un punto de vista superior. Que no es lo mismo que la separación, que a veces se tiende a pensar la autonomía como la independencia, como separarse. No, dice Gramsci, la autonomía es acceder a un punto de vista más alto, superior, más comprensivo; no solamente **estar fuera**, que es la separación, no solamente **estar contra**, que es antagonismo, sino **estar sobre**. Haber alcanzado una visión más amplia y ser capaz, por lo tanto, de valorar incluso al adversario, de aprender algunas cosas de él y empezar a captarlo, a ganarlo, ya no tener temor de ser absorbido, sino empezar a absorber. Las bases de la autonomía - gran meta por cumplir de la economía solidaria -, se están estableciendo a través de una teoría que orienta en esa dirección con claridad. Pero es una fase que está lejos de ser alcanzada: todavía la realidad concreta de la economía solidaria experimenta muchas dependencias. A nivel de la teoría hemos accedido a la fase de la autonomía, que es condición para que el movimiento acceda a la autonomía práctica; pero a nivel de la realidad todavía hay mucho que avanzar, porque para acceder a la autonomía hay que acceder a un grado de comprensión y conciencia y de organización que aún no existe, además de tener una base económica suficientemente desarrollada.

EL MERCADO DEMOCRÁTICO Y "OTRO DESARROLLO" COMO PROYECTO MACROECONÓMICO DE LA ECONOMÍA SOLIDARIA.

Hemos sostenido que la economía solidaria no pretende constituirse en la única forma de organizar la economía, sino que opera como sector junto a otros sectores, como el de economía privada individual y el de la economía pública o estatal. Ello no significa que la economía solidaria se desentienda de los procesos generales de la sociedad, ni de la macroeconomía. Al contrario, ella opera en relación con todos los sectores, y aspira a influir en ellos con sus propios valores de solidaridad, equidad y participación.

Aborar este tema trasciende los espacios disponibles para este artículo. Nos limitaremos a afirmar dos ideas centrales constitutivas del que podemos considerar como dimensión macroeconómica del proyecto de la economía solidaria: la democratización del mercado, y la búsqueda de un desarrollo humano sustentable.

Cuando decimos "mercado democrático" o democratización del mercado, aludimos a un proceso tendiente a generar una estructura de la distribución de la riqueza, un modo de funcionamiento y de organización del mercado, en el cual los elementos monopólicos estén ausentes, y las tendencias a la concentración de la riqueza sean sustituidas por otras tendencias a la desconcentración y la descentralización.

La economía solidaria no es "anti-mercado", sino que se inserta en una transformación y construcción social del mercado en direcciones diferentes a las actualmente predominantes. El proyecto consiste, a este nivel, en que la coordinación de las decisiones entre los agentes del mercado (incluido el Estado) sea tal que el acceso a los factores y la distribución de los bienes y servicios sea justa y socialmente integradora.

Otra dimensión del proyecto macroeconómico que apenas podemos aquí mencionar pero que es esencial, se refiere a la cuestión del desarrollo. Un tema que hoy es objeto de cuestionamientos profundos, porque el desarrollo, tal como se ha venido verificando es un desarrollo profundamente desequilibrado, concentrado en algunas naciones y algunos sectores sociales, que se basa en el subdesarrollo de grandes grupos humanos y extensas regiones del mundo que contribuyen con su trabajo y con sus recursos al desarrollo de los países desarrollados.

Es un desarrollo que, por el camino que está siguiendo, no podría alcanzar a toda la sociedad, porque justamente para desarrollarse en la forma como se han desarrollado los países desarrollados, ha sido necesario el aporte de los no desarrollados, y que aquél desarrollo sea sostenido por recursos y por relaciones de intercambios desiguales, en los que son perjudicados los países pobres. Pero además es un desarrollo unilateral, es un desarrollo que no produce felicidad humana, que no es integral, que es concentración de riqueza más que desarrollo efectivo de potencialidades humanas y sociales, es un desarrollo que está siendo cuestionado porque con el objeto de acumular esas riquezas se están explotando, de manera irracional, recursos naturales que no son renovables, se está destruyendo equilibrios ecológicos y deteriorando el medio ambiente, es un desarrollo que tiene una pobreza de contenidos, que no es favorable para la vida humana.

Es indispensable repensar en profundidad los temas del desarrollo y la economía de solidaridad tiene propuestas al respecto. Digámoslo de otra manera: **pensar en otro desarrollo es pensar en otra economía**, porque el desarrollo es la expansión y el perfeccionamiento de una economía. Otro tipo de desarrollo supone otra economía, o sea, una economía que crece de una manera distinta, orientada en la dirección de la sustentabilidad del desarrollo humano. La economía solidaria tiene mucho que aportar en este sentido.

IX

PARA LA RENOVACIÓN DEL COOPERATIVISMO EN EL MARCO DE LA ECONOMÍA SOLIDARIA

I. PLANTEAMIENTO DEL PROBLEMA

La tesis que voy a exponer sintetiza lo que vengo elaborando y difundiendo desde hace 35 años sobre la economía solidaria. Es ésta: si el cooperativismo quiere participar de modo relevante en el desarrollo de una economía alternativa al capitalismo y al estatismo, que estando fundada sobre valores y principios éticos sea también eficiente en el actual contexto económico, debe experimentar un proceso de profunda renovación del pensaminento, de las prácticas y de los modos de organización que ha desplegado desde sus inicios hace más de 170 años.

Partimos de la constatación de que, no obstante el importante desarrollo alcanzado en todo el mundo, el cooperativismo ha manifestado límites en su crecimiento, y no ha llegado a imponerse como sujeto histórico dotado de efectiva capacidad de dirección de los cambios económicos y políticos. No obstante sus altos valores morales y el elevado consenso social que ha logrado como sujeto económico, social y cultural, se ha mantenido en un plano subordinado respecto a las grandes tendencias tanto del mercado como de la cultura y de la acción social transformadora.

Al nivel de las unidades o empresas cooperativas se manifiestan diversas debilidades y flaquezas que les dificultan su crecimiento en un contexto de competencia con las empresas capitalistas. Hay problemas recurrentes que no ha sabido superar: una insuficiencia crónica de capitales propios, junto a dificultades para conseguir financiamientos crediticios; un escaso dinamismo comercial; insuficiente movilidad de sus factores productivos; retardo en la asimilación de innovaciones tecnológicas; problemas de gestión en cuanto a asegurar la real participación de sus integrantes y adoptar al mismo tiempo decisiones eficientes y oportunas, equilibrando las exigencias de seguridad y conservación con las necesidades de riesgo e innovación.

Dificultades aparecen también en el proceso de integración entre cooperativas al nivel de la formación de un movimiento y de un sector económico-social cooperativo. Aquí las dificultades se refieren principalmente a la fijación de políticas generales que sean al mismo tiempo concretas; o sea, que incidan en el desarrollo de la cooperación en su conjunto, beneficiando también a cada una de las unidades organizadas. En tal sentido, tienden a generarse confusiones entre las funciones de representación y las de coordinación operacional para actividades económicas conjuntas.

Todos estos son problemas serios, que debemos reconocer como reales y actuales. Estoy convencido de que los cooperativistas los conocen por experiencia directa, y a menudo los reconocen en sus instancias de reflexión y evaluación. Pero tal reconocimiento suele hacerse en "tono menor", atribuyéndolas a obstáculos externos o a deficiencias organizativas de tipo práctico, y poniéndalas en relación con limitaciones humanas o con un escaso desarrollo de la conciencia y de la ética cooperativista. Pero no se comprende suficientemente que hay problemas de naturaleza estructural, al nivel de la lógica operacional interna de las organizaciones cooperativas en la forma en que históricamente se ha sedimentado y consolidado su práctica. Podemos expresarlo de otro modo diciendo que es tan alta la valoración que se hace del cooperativismo en base a sus principios y valores fundantes, que la observación y el análisis de las insuficiencias que manifiesta en la práctica no llegan a suscitar un cuestionamiento más de fondo a su teoría y a su práctica.

Tengo la convicción de que el Cooperativismo puede alcanzar una renovada eficiencia económica, desplegar nuevas fuerzas para responder a la crisis económico-social contemporánea, y hacer un aporte sustancial a un proceso de transformación histórica de la sociedad;

pero ello supone enfrentar – en la teoría y en la práctica
- sus insuficiencias y limitaciones estructurales.

Todo indica que el cooperativismo tiene energías internas capaces de llevarlo a superar sus problemas y limitaciones por la vía de una renovación tanto organizativa como intelectual; renovación que no implica abandonar ninguno de sus contenidos y formas esenciales constitutivos, sino por el contrario, alcanzar un más coherente despliegue de su propia racionalidad económica, al nivel de empresa, de sector y de proyecto de transformación.

Más específicamente, identificamos cuatro aspectos principales en los que el cooperativismo requiere renovarse:

1. Es necesario reencontrar, reelaborar y profundizar el sentido y los fundamentos ideales, éticos y valóricos que fundamentan lo que queremos lograr cuando hablamos de economia cooperativa y solidaria.

2. Es necesario realizar una crítica rigurosa tanto del pensamiento como de las prácticas del cooperativismo, que devele las limitaciones de las organizaciones y procesos realizados hasta ahora. Una crítica constructiva que apunte a identificar con precisión las causas de las ineficiencias económicas que lo han afectado, y que permita avanzar hacia una mayor coherencia entre las prácticas organizativas y los fundamentos ideales y axiológicos.

3. Es necesario contextualizar y readecuar las actividades y procesos en los marcos de una realidad económica, social, política y cultural que ha cambiado aceleradamente en las últimas décadas, y especialmente en los años recientes. Ni los mercados ni los Estados son como eran en los períodos en que el cooperativismo desplegó sus mayores logros y realizaciones. La falta de comprensión de las exigencias de adecuación que esas transformaciones le han planteado, le han significado diversas crisis, bastante extendidas y muy fuertes en muchos países.

4. Es necesario reorientar la economía cooperativa y solidaria en orden a definir su aporte ante los grandes desafíos y tareas históricas que enfrenta la humanidad en el presente, que son, básicamente: generar un desarrollo económico y humano integral, que sea social y ambientalmente sustentable; avanzar en la creación de la que se viene denominando la 'sociedad del conocimiento'; y transitar hacia una nueva, superior y mejor civilización.

Examinemos con algún detalle estos cuatro aspectos, comenzando por el sentido y los fundamentos de lo que hacemos cuando creamos y desarrollamos economía cooperativa y solidaria.

2. EL REENCUENTRO CON LAS RAÍCES FUNDANTES

El cooperativismo suele hacer referencia a sus muy conocidos 'principios', que vienen desde los orígenes del movimiento y que a lo largo del tiempo han experimentado varias reformulaciones, corrigiendo ciertas rigideces pero conservando el espíritu con que fueron planteados inicialmente. Junto a los principios se costumbra mencionar los 'valores' del cooperativismo, en términos que refieren a la ética de la justicia social, de la participación democrática, de la cooperación y el mutualismo, de la libertad de asociación, de la solidaridad y el bien común. Y se concluye afirmando un conjunto de 'normas' a las que deben atenerse las cooperativas en su organización y en su funcionamiento.

Ahora bien, la renovación del cooperativismo de que hablamos no se refiere a los principios con sus reformulaciones, ni a la enunciación de los valores fundantes, ni a la definición de las normas, sino al hecho que tanto los principios como los valores y las normas tienden a ser percibidos en la actualidad como retóricos, abstractos y poco convincentes, especialmente por los jóvenes que tienen la experiencia de ser constantemente sometidos al enunciado de principios, de valores y de normas por parte de todo tipo de ideologías políticas, organizaciones religiosas, misiones y visiones de empresas y corporaciones, que los difunden en téminos publicitarios pero que no condicen con las prácticas y actividades reales desplegadas por esas entidades. Dicho más concretamente, en la cultura actual cada vez se cree menos cuando se mencionan principos, valores y normas, por más bellamente que sean expuestos y presentados.

Y como tampoco se cree mucho en doctrinas ni en ideologías, las cuales incluyen siempre un elevado componente de sacrificio personal que se exige a quienes las sigan, se hace necesario un nuevo discurso motivador, una nueva mística, una nueva fundamentación conceptual, una nueva estructura del conocimiento, para crear y desarrollar iniciativas que implican nada menos que una dedicación vital de las personas en su ejecución.

Pero ¿qué tenemos más allá de los principios, de los valores y de las normas? Ante todo y principalmente aquello que, en lo profundo de la experiencia humana, los fundamenta y justifica: una opción existencial, que hunde sus raíces en la propia naturaleza humana, por una vida de mayor felicidad y realización personal y comunitaria. Que constituyen, ciertamente, el sentido primero y último del cooperativismo y de la economía solidaria que es indispensable reencontrar.

La economía cooperativa y solidaria requiere presentarse como, y serlo realmente, una economía para las personas, de las personas y desde las personas. Eso es lo básico, que conlleva la negación formal de que se trate de una economía desde el capital y para el capital y desde el Estado y para el Estado. Ni siquiera se trata de sumarse a un movimiento que está allá, construido antes por otros, y que se nos presente como algo que ya existe fuera de nosotros.

Tenemos que afirmar enfáticamente que los protagonistas de la economía cooperativa y solidaria somos las personas, nosotros mismos. Ella está en nuestras manos, y depende de nuestra decisión, de nuestra conciencia y de nuestra voluntad el realizarla y desplegarla.

Que es una economía de, desde y para las personas significa que su objetivo primero, central y último, es nuestro propio desarrollo, el despliegue de nuestras capacidades y potencialidades, el bienestar y la felicidad de cada persona que crea y que forma parte de una cooperativa.

Esta realización personal incluye las cuatro grandes dimensiones de lo que somos las personas, las que han de estar integradas en el desarrollo de nuestras iniciativas y organizaciones cooperativas y solidarias.

1. La primera dimensión es la dimensión estrictamente económica, por la cual satisfacemos nuestras necesidades de alimentación, vestuario, habitación, seguridad, salud, etc., y que realizamos mediante el trabajo y las actividades productivas, los intercambios que efectuamos con otras personas y organizaciones, el

consumo de bienes y servicios, y la acumulación de reservas que nos permiten garantizar la satisfacción en el tiempo. A todo esto los seres humanos dedicamos gran parte de nuestro tiempo, y para ello estudiamos y nos capacitamos.

Construir las bases económicas de su bienestar y felicidad es la tarea y el desafío primordial de las personas y de las familias. Me atrevo a decir que incluso constituye una obligación moral. Una persona o familia que no logre levantar las bases económicas que sustenten adecuadamente sus necesidades fundamentales de alimentación, salud, educación, vivienda y seguridad, difícilmente podrá ser feliz, ni tener una sana inserción en la comunidad, ni desplegar una consistente vida cultural e intelectual.

Por cierto, en la construcción de este objetivo las personas y familias han de encontrar apoyos, recursos y oportunidades en la economía general de un país y del mundo, en el mercado y en las políticas públicas; pero la construcción misma de la economía personal y familiar orientada al propio desarrollo integral, no puede sino ser obra de cada persona y de cada familia.

Las cooperativas y organizaciones de economia solidaria las crean las personas con ese fin: para favorecer la construcción de esas economías personales y familiares. Asociándose con otras personas que se proponen lo mismo, se logra disponer de los medios y recursos que, solos, no somos capaces de tener y gestionar adecuadamente.

Las cooperativas de trabajo y las empresas de trabajo asociado, son para desarrollar las propias capacidades y generar los ingresos indispensables. Las cooperativas de consumo, para organizar mejor el uso de esos ingresos y acceder con ellos más ampliamente a los bienes necesarios para satisfacer las necesidades personales y familiares. Las cooperativas de vivienda para realizar la aspiración de la vivienda propia familiar. Las cooperativas de ahorro y crédito, para formar un fondo de reservas que nos sirva para enfrentar emergencias y para financiar proyectos y emprendimientos diversos. Las cooperativas de servicios, para atender las necesidades de salud, previsión social, educación, etc.

Con ellas y por intermedio de ellas las personas nos ayudamos en la construcción de las bases de sustentación de nuestra vida personal y familiar. Y cabe agregar que esta economía cooperativa y solidaria es el mejor modo de lograr ese objetivo, pues en ésta las personas lo alcanzamos desplegando nuestra creatividad, al participar activamente en la organización; y lo vamos logrando con un máximo de autonomía, en cuanto otras alternativas implican dependencia, sea de empleadores externos o del Estado.

Ahora bien, las cooperativas y la economia solidaria no se limitan a esta función específicamente económica, sino que la cumplen buscando contribuir y poner las bases de sustentación de la realización humana integral, lo que implica hacer referencia a las otras tres dimensiones de la vida humana que son necesarias para nuestra realización y felicidad.

2. Junto con la dimensión económica, se presenta la dimensión de la vida comunitaria, social y política, que es también esencial para nuestro desarrollo. En esta dimensión social satisfacemos nuestras necesidades de pertenencia a colectivos humanos, nos hacemos útiles a los demás, construimos vínculos de amistad y de solidaridad, y formamos parte de dinámicas históricas que vivimos socialmente, políticamente y como humanidad.

Esta dimensión comunitaria y social se inserta naturalmente en cada cooperativa y organización de economía solidaria, en cuanto una cooperativa es un espacio de convivencia, de organización social y de participación, que genera un sentido de pertenencia, de servicio a los demás, de relaciones y vínculos de cooperación, solidaridad y amistad. Y más allá de esto, la participación en el cooperativismo y en la economía solidaria constituyen un modo de participar también en el perfeccionamiento y transformación de la sociedad en su conjunto. El cooperativismo es un movimiento que crea alternativas, que busca la superación de las injusticias del capitalismo, y de las dependencias y dominaciones que establece el estatismo.

3. La tercera dimensión de la realización humana, que está unida a las dos anteriores, es la vida cultural e intelectual, por la que conocemos la realidad en su unidad y en toda su diversidad y complejidad, nos orientamos en lo que hacemos con los valores y virtudes que hayamos desarrollado, desplegamos nuestra creatividad produciendo las obras que nos expresan, y dejamos en el mundo las huellas de nuestras acciones y actividades transformadoras.

También esta dimensión cultural y de desarrollo cognitivo forma parte de las cooperativas y de la economía solidaria. En ella adquirimos conocimientos sobre muchas cosas, se dan múltiples oportunidades de aprendizaje, y se realizan actividades de formación y educación. En la medida de nuestra participación activa, tenemos experiencias significativas y desplegamos aprendizajes esenciales para una buena vida.

4. Finalmente está la dimensión moral y espiritual, que vivimos interiormente, que nos lleva al encuentro de nuestra propia humanidad, nos mueve a trascender lo material, lo social y lo intelectual, y nos impulsa a buscar la plenitud del sentido de la vida y la trascendencia a la que aspiramos desde lo más profundo de nuestro ser.

La dimensión moral y espiritual de la vida está siempre presente en una economía cooperativa y solidaria plena y coherente. Es una economía fundada en valores éticos, de justicia, de libertad, de solidaridad, de ayuda mutua y cooperación. El sentido más profundo de la economía solidaria y cooperativa está, precisamente, en incorporar ética y valores morales y espirituales en la actividad económica. Las experienias más exitosas de economía cooperativa y solidaria son aquellas que tienen en sus orígenes, y que conservan y despliegan en su desarrollo, profundas motivaciones espirituales.

Estas cuatro dimensiones de la realización humana son los fundamentos últimos, la razón de ser de las cooperativas y de la economía solidaria. Por ello, constituyen criterios principales, que debemos tener siempre presentes, y con los cuales observar, analizar, juzgar y proyectar lo que estamos concretamente haciendo y logrando en nuestras organizaciones cooperativas y solidarias. Tenerlos presente, revisitarlos, es una fuente constante de renovación y perfeccionamiento de lo que hacemos. Pues si nos distanciamos de ellos, nuestras organizaciones van perdiendo sentido, se van distorsionando.

3. LA BÚSQUEDA DE LA EFICIENCIA Y DE LA COHERENCIA

Pasemos al segundo aspecto de la renovación necesaria, que deriva de la crítica de sus defectos específicamente económicos y de la búsqueda de la indispensable eficiencia y de una más plena coherencia con la racionalidad de la economía cooperativa y solidaria.

Punto de partida de este análisis es la necesidad de superar un gravísimo déficit del cooperativismo en cuanto a disponer de una concepción propia de la economía, científicamente fundada. El cooperativismo siempre ha estado acompañado de pensamiento y de cultura; pero ha sido fundamentalmente un pensamiento de carácter doctrinario, derivado de la ética, e ideológico, derivado de la confrontación con las formas económicas capitalista y estatista. Pero le ha faltado una teoría propia enmarcada en la ciencia de la economía, que lo oriente para resolver correctamente problemas económicos básicos, como la medición de la eficiencia, el tratamiento del capital, la definición de sus fines económicos, el tamaño óptimo, su modo de inserción en los mercados, sus formas de gestión, de financiamiento, de comercialización, de consumo y de acumulación.

Es una carencia que ha llevado a resolver esos problemas y cuestiones prácticas 'mirando hacia el lado': buscando y llegando a imitar en ciertos aspectos las formas capitalistas y en otros las formas estatistas. Y con riesgo de subordinarse a unas y a las otras. Menciono sólo algunos problemas derivados de esta carencia de desarrollo científico.

1. Definirse "sin fines de lucro", *non profit*, no es suficiente y ni siquiera adecuado para precisar el objetivo económico positivo que se busca, y en base al cual analizar y evaluar la eficiencia. Toda organización

248

económica debe crear valor, significando ello que el costo de los insumos y recursos que emplea sea menor al valor de los bienes y servicios que genera. En eso consiste la posibilidad de que la actividad económica genere beneficios a sus asociados y a la sociedad en general. La expresión monetaria de esos beneficios son los excedentes, con los que han de recompensarse los esfuerzos de los que contribuyeron a su generación, y efectuarse las inversiones que permitan crecer y mejorar la productividad de las actividades. Entonces, debiera pensarse en generar elevados beneficios y excedentes, y en utilizarlos de modo justo y solidario. Un modo de generarlos y de utilizarlos que ha de ser muy diferente en la economía cooperativa y solidaria que en la economía capitalista; pero debe ser un modo coherente, concebido con rigurosidad científica, y que oriente a maximizar la eficiencia de las cooperativas, pero medida según sus propios criterios.

2. No pensarse como empresa ha significado que las cooperativas tuvieran una especial dificultad para convocar, organizar y tratar del modo adecuado a los factores productivos necesarios para realizar las actividades económicas. No cabe duda que toda cooperativa es una empresa, una unidad económica que con el objeto de producir bienes y servicios emplea trabajo, capital, medios materiales de producción, tecnologías, un sistema de gestión, unas energías de integración social, etc. Pero el cooperativismo surgió en una época en que el concepto de empresa se identificaba con el capitalismo, que definía la empresa

como una inversión de capital que se hace con el objeto de maximizar el rendimiento del capital invertido. Por eso las cooperativas evitaron pensarse a sí mismas como empresas, lo que llevó a una confusión e indefinición del propio ser como entidades económicas, y a severas dificultades para organizarse con eficiencia económica, todo ello acentuado por el hecho de que el cooperativismo no fue capaz de elaborar una teoría microeconómica propia, una específica concepción de la empresa cooperativa, muy distinta de la empresa capitalista.

3. Influenciado por el marxismo que identificó el capitalismo con el mercado, los pensadores cooperativistas se plantearon que estas organizaciones no debían operar en el mercado abierto sino exclusivamente con sus asociados. Pero el no plantearse la inserción en los mercados y operar solamente con los asociados ha impedido el crecimiento de las cooperativas y el aprovechamiento de las economías de escala; y paradójicamente, lo que ocurre en los hechos es que con ello el cooperativismo se autoimpide ser una forma de producción, distribución y consumo alternativa al capitalismo, pues no ofrece su producción y sus servicios a todos los integrantes de la sociedad sino exclusivamente a quienes se integran en las organizaciones que sustenta, que son una proporción menor de la población.
4. Otro de los problemas del cooperativismo ha sido una insuficiencia habitual de recursos financieros, que capta con dificultad. Una razón de ello es la definición

del principio del 'interés limitado al capital'. También éste en un error conceptual derivado de confundir el capital 'capitalista' con el capital social, que es el dinero aportado por los socios para constituir y acrecentar el patrimonio de la cooperativa. ¿Por qué castigar los aportes de capital de los socios ofreciéndoles un interés limitado, si dichos aportes son el resultado de la decisión de los socios que sacrificando su propio consumo forman un ahorro que destinan a la organización cooperativa? Ese capital, que en su sentido más puro puede entenderse como 'trabajo anterior' que el mismo socio ha realizado y que invierte en su organización, debiera ser recompensado con el mismo criterio con que se recompense al trabajo y a los demás factores propios, y así se benefician los socios y la cooperativa que de ese modo contará con los financiamientos necesarios para su desarrollo.

Es evidente que la crítica y el reconocimiento de estas dificultades y errores conceptuales no es suficiente. La efectiva superación de las limitaciones indicadas supone la elaboración conceptual, la difusión y la aplicación práctica, de una teoría económica rigurosa que, expresando la racionalidad especial de la economía cooperativa y solidaria, permita resolver de manera coherente cada una de las dificultades mencionadas, y que oriente los procesos de formación y desarrollo de las iniciativas y organizaciones. En eso ha consistido una de las principales contribuciones que ha hecho la teoría de la economía de solidaridad al cooperativismo. En dicha teoría, recogiendo la experiencia del cooperativismo pero yendo más allá de éste en el conocimiento y la valoración de diversas otras formas de economías alternativas fundadas en valores humanos, hemos ido formulando respuestas nuevas a esos viejos problemas; respuestas que abren a la experimentación de formas organizativas diversas.

En el tiempo disponible para esta exposición no podemos detallar dichas contribuciones teóricas, debiendo limitarnos a mencionar los temas en que se han realizado los aportes más significativos, desde la formulación de la economía de solidaridad:

* **Una nueva concepción de la empresa cooperativa**, en vistas de alcanzar un modo de operación más eficiente, no sólo manteniendo, sino incrementando la coherencia con los fundamentos esenciales de la cooperación, a saber, el carácter dirigente y central del trabajo, la gestión participativa y autogestionaria, las relaciones internas de solidaridad y comunidad.

* **Una nueva comprensión de las articulaciones** entre las unidades que componen el sector cooperativo y solidario, de modo de alcanzar formas superiores de coordinación e integración, profundizando también aquí la coherencia con el modo de ser, de relacionarse y de actuar inherente a las empresas cooperativas, respecto de los cuales toda instancia de coordinación y representación debiera entenderse como una prolongación o ampliación de su propio modo de ser y de hacer economía.

252

* Una reformulación y valoración del mercado, distinguiendo el mercado capitalista que es solamente una de sus posibles formas organizativas e institucionales, de otras formas del mercado que pueden ser justas, democráticas y solidarias. Ello implica entender que el mercado es una construcción social, un espacio de coordinación de las decisiones económicas entre todos los sujetos individuales y colectivos, incluidos los estados, que participan en él, y que puede ser modificado por la actividad de esos mismos sujetos económicos, entre los cuales el cooperativismo y las diferentes manifestaciones de la economía solidaria, en cuanto se reconozcan también como actores del mercado.

* Repensar el proyecto cooperativo global y las perspectivas transformadoras del movimiento, habida cuenta de las nuevas condiciones de crisis existentes en la sociedad, los desafíos que plantea, y la existencia de diversos y plurales procesos alternativos emergentes en los niveles tecnológico, organizativo, social y cultural.

4. EL COOPERATIVISMO A LA ZAGA DEL CAPITALISMO Y DEL ESTATISMO

El cooperativismo se concibe a sí mismo como alternativo respecto del capitalismo y del estatismo; pero para ser realmente una alternativa se requieren tres cosas: a) Una superioridad moral y espiritual; b) una teoría económica más amplia y más profunda que las que sostienen al capitalismo y al estatismo, lo cual es condición necesaria para que la economía cooperativa y solidaria se desenvuelva con autonomía respecto de las otras formas económicas; y c) evidenciar unos resultados de mayor eficiencia (en términos de precios al consumidor y de remuneraciones que puede proporcionar a los aportadores de factores productivos), tales que las personas y las sociedades opten por esta alternativa en razón de los mayores beneficios que les reporta.

De estos tres requisitos el cooperativismo cumple claramente el primero respecto del capitalismo. Con relación al estatismo, le ha faltado claridad en cuanto a proponerse como un modo de socialización más respetuoso de las libertades individuales y de las autonomías de las comunidades y organizaciones intermedias. En cuanto al segundo requisito ya nos referimos a las limitaciones existentes. Y respecto al tercero, los resultados 'mejores a los de la competencia' sólo pueden apreciarse en algunas entidades cooperativas, siendo muchas otras las que al no lograrlos han generado una cierta difusa desconfianza sobre la real eficiencia del cooperativismo como modo de hacer economía, lo que le ha restado fuerza de atracción.

En los hechos, la evolución histórica del cooperativismo pone de manifiesto una constante subordinación a las dinámicas principales del capitalismo y del estatismo.

La propuesta inicial y original del cooperativismo fue la afirmación de que el trabajo ha de ponerse en la base, en el centro, y en la direción de las organizaciones económicas y de la economía en general. El trabajo por sobre el capital. Una concepción del trabajo como creador de valor económico, con la consiguiente exigencia de su justa remuneración en correspondencia con su productividad, y su reconocimiento como fuente legítima de la propiedad de los bienes y recursos económicos, fue esbozada por Adam Smith y desarrollada con orientación cooperativista por Roberto Owen y Carlos Fourier; pero la teoría económica derivó pronto en la concepción neo-clásica que subordinaba el trabajo al capital, y no se llegó a concebir una teoría alternativa rigurosa que fundamentara una verdadera economía centrada en el trabajo, que explicara su relación con los otros factores productivos, y que diseñara los instrumentos adecuados de medición del valor-trabajo. Carlos Marx, que entendió el trabajo como la única fuente de valor económico pero que postuló el denominado 'socialismo científico' centrado en el Estado, terminó inhibiendo el desarrollo de una teoría económica cooperativa en que el trabajo obtuviera su justa centralidad y apreciación.

Siguiendo con el vínculo que relaciona la historia del cooperativismo con el desarrollo del pensamiento económico, nos encontramos con la expansión que experimenta el movimiento cooperativo desde mediados del siglo XIX y en las primeras décadas del siglo XX. Fue un período de la historia económica y política en que lo que se consideraba determinante era la propiedad de los medios materiales de producción: la tierra, las industrias, las máquinas, etc. En ese contexto, en el pensamiento cooperativo se fue desplazando la cuestión del trabajo por la cuestión de las formas de propiedad, que refería el tema al ámbito del derecho.

En ese contexto el cooperativismo se definió y articuló como propuesta de una economía en que los medios de producción fueran socializados, cooperativizados. Lo esencial que se planteaba era que los socios de las cooperativas fueran los propietarios de los medios de producción, en una modalidad de propiedad social o cooperativa en que ya no resultaba explícita la concepción del trabajo como creador de valor y fundamento de la propiedad. De hecho, en muchas cooperativas se adopta el concepto de la 'propiedad social' de los medios de producción, una noción que resulta bastante ambigua y que se presta a variadas interpretaciones. Podemos entender esto como un primer declive, que pone de manifiesto una incipiente subodinación conceptual respecto de las concepciones socialistas centradas en el Estado.

Cuando, después, siguiendo con el desarrollo histórico del capitalismo se difunde el modelo de las empresas como sociedades anónimas por acciones, que conlleva la separación entre la propiedad y la gestión, y el levantamiento de la gestión como lo central de la eficiencia económica, el cooperativismo se pone nuevamente a la zaga. Se enfatiza en las organizaciones y en los discursos el elemento de la gestión, de la participación en la toma de decisiones, y se desarrollan los modelos de la autogestión y de la co-gestión como formas alternativas a la gestión capitalista. En los hechos adquirieron gravitante importancia en las cooperativas los gerentes, los administradores y los gestores de las organizacones.

En la evolución del capitalismo se llegó finalmente al predominio incontrastado del factor financiero sobre el capital productivo. Y el cooperativismo siguió esa dirección, subordinando nuevamente la orientación de su pensamiento y de su desarrollo práctico a los temas y cuestiones levantadas por las ciencias de la economía y de la administración capitalistas. El cooperativismo financiero llega a ser el principal elemento impulsor del desarrollo del cooperativismo.

Esta breve reseña de la subordinación del cooperativismo, que no ha alcanzado la autonomía suficiente para construir una verdadera alternativa económica al capitalismo y al socialismo, nos pone nuevamente en presencia de sus carencias teóricas, que en primer término se manifiestan al nivel de la ciencia económica y, más en profundidad, al nivel de su paradigma filosófico y su estructura cognitiva.

Hace 35 años, en mi primer libro sobre el cooperativismo y la economía solidaria (cuyo título

Empresas de Trabajadores y Economía de Mercado incluía los dos términos claves de la economía moderna: empresa y mercado), sostuve que el cooperativismo llegaba tarde a ser parte de la economía de empresas y de la sociedad de mercado. He argumentado que este retraso ha sido consecuencia de no haber comprendido el verdadero significado de la empresa y del mercado, que se habían confundido con la micro y la macroeconomía capitalista. Se había confundido la empresa con una de sus formas particulares, la empresa capitalista; y el mercado con una de sus modos particulares, el mercado capitalista. Por eso los cooperativistas, y más en general, quienes aspiraban a introducir la ética, la cooperación, la justicia y la solidaridad en la economía, no han participado en el debate teórico ni en la experimentación práctica relativos a las formas de empresa y a los procesos de construcción del mercado. El cooperativismo se ha quedado fuera incluso del pensamiento económico, de la ciencia de la economía como disciplina intelectual. Así, las empresas fueron diseñadas sin nuestro aporte, el mercado fue construido sin la presencia de los principios y valores cooperativos, y la ciencia de la economía fue pensada y proyectada sin considerar la cooperación como factor de eficiencia, atribuyéndose ésta exclusivamente a la competencia y al interés individual.

He sostenido que ese rechazo de la empresa y del mercado ha sido el gran error histórico – a la vez económico y político - del cooperativismo, un error que le ha impedido liderar la construcción de la economía de empresas y de la sociedad de mercado, permaneciendo al margen de las principales dinámicas de la historia moderna.

Estamos hoy frente a desafíos nuevos. Y es muy importante identificarlos y elaborar las respuestas adecuadas que abrirán al futuro de la humanidad. Las sociedades y las economías contemporáneas enfrentan desafíos inéditos en el contexto de nuevas dinámicas económicas, políticas y científicas, y esta vez no debiéramos quedar fuera o al margen de su elaboración y de su construcción. Dicho de otro modo, tenemos una nueva oportunidad histórica de liderar los procesos económicos y societales que marcarán el futuro de nuestras sociedades por varias décadas e incluso durante siglos.

Lo que está surgiendo es la que ha comenzado a llamarse "sociedad de conocimiento", que se relaciona con la economía de redes, y más ampliamente, con la creación de una nueva civilización, fundada en la creatividad, en la autonomía y en la solidaridad. Es el cuarto aspecto que convoca a la indispensable renovación de la economía cooperativa y solidaria.

5. LA ECONOMÍA SOLIDARIA EN LA SOCIEDAD DEL CONOCIMIENTO Y EN EL TRÁNSITO HACIA UNA NUEVA CIVILIZACIÓN

La humanidad enfrenta problemas de enorme complejidad, que ponen en cuestión incluso su propia sobrevivencia. Ello plantea la necesidad de transitar hacia una nueva civilización, de la cual la economía cooperativa y solidaria está llamada a ser un pilar esencial. Pero la posibilidad de serlo realmente exige superar desafíos inéditos, siendo tal vez el más importante el que se relaciona con la creación y difusión del conocimiento. Es importante comprenderlo en profundidad para ver en qué medida puede participar en esto la economía cooperativa y solidaria. Es obvio que en el tiempo disponible sólo podemos proponer un esbozo de la cuestión.

En un mundo crecientemente complejo, en que los fenómenos de la naturaleza (cambio climático, contaminación de las aguas, desequilibrios ecológicos, calentamiento global, etc.) adquieren relevante y decisivo protagonismo; en que la proliferación de las informaciones y la multiplicación de las fuentes que las generan hacen crecientemente difícil la coordinación de las voluntades y decisiones; en que se incrementan exponencialmente los conocimientos sobre los más diversos aspectos de la materia, de la vida y de la conciencia, y que por su sola difusión transforman aspectos fundamentales de la vida humana; en que se han inclinado los consensos éticos e ideológicos básicos que sostenían el orden y guiaban los cambios económicos, sociales y políticos; en este mundo complejo en acelerada transformación, el conocimiento adquiere una especial centralidad, e impactará radicalmente cuestiones claves de la organización económica, política y cultural.

Un primer efecto a considerar es que la coordinación de las decisiones y la organización y conducción de la sociedad ya no podrán continuar entregadas ni a las dinámicas del mercado y de las finanzas, ni a la clase política y burocrática que gobierna los Estados nacionales. No podrá dejarse la coordinación y conducción de la sociedad a los mercados y a sus agentes financieros, porque son ciegos a muchas de esas dimensiones complejas de los problemas, y tampoco los políticos y burócratas del Estado están en condiciones de cumplir a cabalidad esas funciones, pues carecen de los conocimientos necesarios para enfrentarlos con éxito. Se hace indispensable la participación consciente, informada y activa de toda la sociedad, y de una sociedad civil que tendrá que dar un salto cualitativo en sus competencias cognitivas.

Es cada vez más evidente en este mundo crecientemente complejo, la necesidad de que el conocimiento y las ciencias asuman importantes roles en la articulación de las estructuras y en la conducción de los procesos económicos, políticos y culturales. De hecho los científicos y los hombres y mujeres dedicados al desarrollo del saber, están adquiriendo creciente relevancia y poder. Son fenómenos que se enmarcan y están siendo entendidos como parte del surgimiento de la 'sociedad de conocimiento'. Pero esto no debe significar el levantamiento de una nueva clase científico-tecnogrática dirigente, que implicaría dejar a la inmensa mayoría de la población en la dependencia y la pasividad. Es aquí, en lo que podemos concebir como la democratización del conocimiento, por donde la economía cooperativa y solidaria puede jugar una función decisiva en el futuro.

Demos unos pasos en el análisis del asunto para comprender de qué modos la economía cooperativa y solidaria pudieran incidir significativamente en ello. Cuando se habla de 'la sociedad del conocimiento', lo que habitualmente se destaca es que el 'valor' y la productividad de las empresas, de los trabajadores, de los técnicos, de los administradores, de las comunidades, etc. está dado principalmente y cada vez más, por la capacidad que tengan de aprender, de generar y de desplegar conocimientos, de difundirlos y distribuirlos, y de aplicar esos conocimientos a la solución de los problemas que afectan a las personas y a la sociedad.

Pero no es solamente eso. La sociedad de conocimiento constituye un cambio muy radical en el modo en que se organizan las relaciones humanas y sociales, y en que se coordinan las diferentes actividades y funciones. La sociedad de conocimiento es una realidad que está surgiendo, y es también un proyecto de transformación social que se está impulsando desde diferentes ámbitos. Un proyecto orientado a establecer un tipo de organización de la vida humana en el cual las relaciones sociales ya no estarán tan determinadas por las cuestiones que marcaron los conflictos y las dinámicas de la civilización moderna, a saber, la propiedad de los medios materiales de producción, el control y manejo de las finanzas, y el ejercicio del poder político por tales o cuales partidos o grupos de poder.

Las relaciones sociales y los procesos y proyectos económicos y políticos se organizarán en base a los saberes, las informaciones y los conocimientos que las personas y los diversos y variados grupos humanos posean y que sean capaces de emplear en sus actividades. En tal sentido podemos afirmar que hay un profundo desplazamiento de lo que las personas y las sociedades 'valoran', de lo que merece ser buscado, creado, desarrollado. Dicho de otro modo, el conocimiento se está convirtiendo en la principal fuente de la creación de valor, y quienes lo detentan y desarrollan se están convirtiendo en la categoría organizadora de la economía y de la política.

Ahora bien, es importante darse cuenta de que el conocimiento 'crea valor' no solamente en las empresas y en las actividades productivas directas. El conocimiento que se expande en un individuo, lo hace crecer, lo perfecciona, lo hace 'ser' y 'valer' más, en las distintas áreas de la actividad humana. El conocimiento que crece y se despliega en una comunidad, en una cooperativa, en una organización política, en una entidad deportiva, en un movimiento social, o en cualquier tipo de organización, potencia a dicha organización, la hace más capaz, más fuerte, más creadora. El conocimiento que se desarrolla y difunde en una sociedad, aumenta el 'valor' (en el más amplio sentido) de esa sociedad.

Por todo eso, en la disputa y el conflicto cultural, social y económico que se da entre los distintos tipos de economía y entre los diferentes 'sectores' que compiten en el mercado, y también entre las diferentes racionalidades y opciones políticas y entre los diversos proyectos de sociedad, un factor decisivo del resultado será cada vez más, la capacidad y la dedicación que desplieguen sus participantes en las actividades y procesos de aprender, desarrollar, difundir y distribuir el conocimiento. La expansión y el perfeccionamiento de la economía cooperativa y solidaria dependerá, en gran medida y principalmente, del conocimiento pertinente que aprendan, produzcan, difundan y apliquen las personas interesadas y comprometidas en su desarrollo. La viabilidad de su proyecto económico, social y político será proporcional al nivel y a la calidad de los conocimientos con que dicho proyecto se elabore y proponga.

Si la economía, la política y la cultura del futuro próximo serán organizadas y perfeccionadas en gran medida y fundamentalmente **desde el conocimiento**, resulta claro que la economía, la política y la sociedad del futuro asumirán formas y contenidos diferentes y diversos, según cuáles sean las estructuras de producción, comunicación y difusión del conocimiento, así como las formas y contenidos del conocimiento que será desplegado. Es por ello que la economía cooperativa y solidaria debe plantearse ser un actor y protagonista importante en la construcción de la sociedad de conocimiento. La pregunta que surge es en qué formas puede la economía cooperativa y solidaria participar en este proceso.

Podemos distinguir al respecto dos planos de acción importantes. El primero se refiere a **las estructuras** y/o **modos** de producción, comunicación y difusión social del conocimiento. Existen actualmente, ampliamente difundidos, tres principales estructuras o modos de organización del conocimiento.

Uno es el modo capitalista, en que las grandes corporaciones financian y encargan investigaciones y estudios a Universidades, Fundaciones y centros de investigación ligados a las grandes empresas, donde se producen conocimientos útiles para la innovación tecnológica en ellas mismas, y se distribuyen externamente bajo licencias restrictivas que exigen el pago de derechos y royalties, estableciéndose que el conocimiento o información transferida no puede ser difundida por el comprador. Este modo 'capitalista' tiende a producir conocimientos avanzados y de alto valor económico, pero presenta dos evidentes limitaciones: deja sin abordar grandes áreas de la realidad y de los problemas que requieren ser socialmente resueltos, y es marcadamente concentrador en cuanto a los sujetos que pueden acceder a su

265

utilización, excluyendo a todos los que carecen de los medios suficientes para comprarlos. El conocimiento queda determinado a las lógicas de la acumulación del capital.

Otro es el modo estatista, en que el Estado financia las investigaciones determinando conforme a sus propios programas y políticas las prioridades y los sujetos a quienes se encomienda su producción, y fija los criterios y procedimientos de su difusión. El modo 'estatista' presenta la cualidad de asegurar el financiamiento de las investigaciones y de difundir más ampliamente sus resultados; pero presenta la limitación de estar ideológicamente orientado en la determinación de lo que se financia investigar y de lo que se decide comunicar y difundir. El conocimiento queda subordinado a las lógicas del poder político.

Un tercer modo de producción y difusión del conocimiento es el que se manifiesta actualmente en las redes informáticas en que investigadores y centros de estudio independientes ofrecen libremente sus conocimientos y reciben de otros aquellos que desean. En estas redes de libre asociatividad y participación, los aportes a la sociedad de conocimiento son muy notables, especialmente por facilitar el acceso libre y democrático prácticamente en todas las áreas del saber. En la medida que gran parte de los contenidos circulan en las redes y se comparten gratuitamente, implicando donaciones abiertas efectuadas por los que colocan en ellas los conocimientos, podemos considerar que este tercer modo de producción, comunicación y difusión del conocimiento se realiza conforme a una lógica de economía solidaria. Pero también presenta limitaciones, de las que es importante estar conscientes, para buscar los modos de superarlas.

Una primera y muy importante limitación es que, siendo muy eficaz en la comunicación y difusión de informaciones y de conocimientos existentes, anteriores, es muy limitado su aporte en la producción de conocimientos nuevos. En efecto, la producción del conocimiento requiere dedicación intensa al estudio y la investigación por parte de los investigadores, que necesitan ser remunerados u obtener ingresos correspondientes a su trabajo. En muchos casos, además, la investigación tiene costos elevados de equipamiento e infraestructura, que los receptores y beneficiarios potenciales de tales conocimientos no están en condiciones de solventar, o no están dispuestos a hacerlo, malacostumbrados a recibir gratuitamente la información que circula en las redes. La dificultad del finan ciamiento de la producción del conocimiento resulta particularmente grave cuando se trata de desarrollar conocimientos que sirvan para transformar y perfeccionar los procesos económicos, sociales y culturales, que requieren conocimientos nuevos, permanentemente actualizados, creados en función de la nueva economía, de la nueva politica, de las nuevas ciencias que han de constituir la nueva civilización.

Pensamos que la economía cooperativa y solidaria tiene capacidades para superar este problema. En efecto, si bien las donaciones son una parte de la economía solidaria, no son su componente principal. La reciprocidad y la cooperación, que implican alguna forma de justa retribución de lo que se recibe de otros, es lo esencial de este modo de producción y distribución. Con esta su propia racionalidad económica la economía cooperativa puede destinar recursos para organizar actividades y procesos de creación, comunicación y difusión de conocimientos nuevos, orientados según sus propias necesidades de desarrollo, y en orden a promover y crear una economía, una política y unas ciencias que sean parte de la transición hacia la nueva civilización de que hablamos. Y ello no como una actividad accesoria o de segundo o tercer orden, sino asumiento que participar protagónicamente en la sociedad de conocimiento implica dar a la actividad cognitiva la prioridad y centralidad correspondientes.

Podemos indicar algunas orientaciones prácticas ordenadas a iniciar una dinámica en este sentido. Poner énfasis en programas y actividades de aprendizaje, y en la formación cognitiva de sus integrantes, en cada cooperativa; participar en procesos de investigación colaborativa, especialmente con Universidades y Centros autónomos de investigación y docencia; establecer alianzas estratégicas con esas Universidades y centros de investigación; impulsar la creación de cooperativas de científicos y de profesionales en las diferentes ramas del conocimiento y las tecnologías; abrir debates sobre los aportes que la economía cooperativa y solidaria puede hacer a la 'sociedad de conocimiento'; organizar congresos y eventos cooperativos centrados en la creación de 'capital cognitivo' en el movimiento cooperativo; fomentar entre los asociados la valoración del conocimiento, incentivando y creando oportunidades de investigación y docencia en diferentes disciplinas y areas del saber. Muchas son las iniciativas que se pueden realizar ahora mismo, y que podrían dar inicio a procesos más amplios que con el tiempo lleven a la economía cooperativa y solidaria a ser reconocida como un actor importante de la sociedad de conocimiento.

Todo ello enmarcado en aquella profunda renovación teórica y práctica del cooperativismo, de la cual hemos esbozado en este artículo los que consideramos pudieran ser sus principales lineamientos.

X

LA FORMACIÓN DE UN 'BLOQUE HISTÓRICO' ENTRE LAS FUERZAS DEL CONOCIMIENTO, DEL TRABAJO Y DE LA COMUNIDAD

La división social del trabajo y los factores económicos.

La división social del trabajo, que desde muy antiguo y hasta el presente ha sido necesaria para garantizar la sobrevivencia de la humanidad – la alimentación, la habitabilidad, la salud, la ciencia, la educación, la recreación, el orden social, etc. – implica la especialización de las personas en seis principales funciones y actividades diferentes: a) el trabajo; b) el conocimiento y su aplicación tecnológica; c) la gestión y la administración de las organizaciones y procesos; d) el dominio, posesión y cuidado de la tierra y de los bienes materiales; e) el comercio y la intermediación financiera; y f) la mantención y fomento de la cohesión social, la comunidad y la solidaridad humana.

Estas seis funciones y actividades indispensables a nivel económico se corresponden con los factores productivos que forman parte de cualquier empresa: el trabajo, la tecnología, la gestión, los medios materiales de producción, el financiamiento y el Factor C. Cada uno de ellos realiza un aporte insustituible en la producción, ejerce una contribución a la productividad de las empresas, y a todos ellos les corresponde un adecuado reconocimiento, una correspondiente recompensa y una equilibrada remuneración.

Esos seis factores y tipos de actividad diferentes, en cuanto apropiados y/o ejercidos por grandes conglomerados o grupos humanos, dan lugar a una compleja organización de la sociedad, donde se distinguen diferentes conglomerados humanos, clases o categorías sociales (grupos de personas que para simplificar la exposición llamaremos en adelante 'clases' sociales). Es así que encontramos en la sociedad: la clase trabajadora; la clase de los intelectuales, científicos y técnicos; la clase dirigencial, política y governativa; la clase rentista y de los propietarios de los medios de producción; la clase dedicada al comercio y a las finanzas; y la clase de los que podríamos identificar como los integradores sociales, las comunidades y las entidades solidarias. En cada uno de estos agrupamientos sociales se desarrollan culturas características: modos de relacionarse, de actuar, de sentir y de pensar, y determinados objetivos, intereses y valores compartidos.

A lo largo de la historia y en las distintas sociedades, estas diferentes 'clases' han ocupado distintas posiciones de poder y dominio en la sociedad, configurándose como consecuencia de ello, distintos modos de organización económica, variados sistemas políticos y de gobierno, diversas culturas, y en la mayor escala, diferentes tipos de civilización.

El bloque histórico dominante.

En la sociedad o civilización moderna, cuya organización económico-política la podemos caracterizar como capitalista y estatista, ha predominado como sector dirigente de la sociedad, un 'bloque histórico' (o alianza social consolidada y perdurable) constituido por tres de estas clases o agrupamientos sociales: la clase industrial y rentista, propietaria de los grandes y más importantes medios materiales de producción; la clase comercial y financiera; y la clase política y governativa. Todos ellos constituyen actualmente, y desde hace varios siglos, las categorías económicas y sociales organizadoras, las que ponen los objetivos generales de la sociedad y organizan las estructuras y los medios para cumplirlos.

Este poderoso 'bloque histórico', al estar compuesto por tres clases o grupos sociales diferentes, cada uno de los cuales mantiene sus propios intereses, objetivos y conformación social y cultural, no es homogéneo, de manera que entre sus componentes - la clase financiera, la clase rentista y la clase política -, se han manifestado históricamente divergencias y conflictos, como consecuencia de los cuales se han dado en diferentes momentos y lugares distintas situaciones en cuanto a su configuración interna, y en especial, respecto a cuál de los tres grupos ejerce la hegemonía y el predominio relativo sobre los otros dos, al interior del 'bloqe

273

histórico' que los une. El conflicto más fuerte se ha dado entre las clases financiera y rentista por un lado, y la clase política por el otro, siendo el resultado de ello, el predominio que las primeras han ejercido en las sociedades capitalistas, y la hegemonía de la segunda en las socialistas. Finalmente, salvo reducidas excepciones, han prevalecido a nivel global las clases financiera y rentista, subordinando pero manteniendo integrada en el mismo 'bloque histórico' a la clase política y administrativa.

Las tres clases que conforman este 'bloque histórico' dominante abarcan, en conjunto, entre un 10 y un 30 % de la población, según los países. La inmensa mayoría de la población, o sea los trabajadores, los intelectuales, profesionales y técnicos, y los que forman y guían las comunidades intermedias y de base, se encuentran subordinados, ejerciendo sus funciones y actividades bajo el control del 'bloque histórico' dominante.

La situación de las clases y grupos sociales subordinados.

La mayoría de los trabajadores son dependientes y asalariados en las empresas y organizaciones capitalistas, o están empleados en las instituciones del Estado realizando labores burocráticas de menor importancia. Tanto en el área estatal como en la capitalista, los trabajadores se limitan a cumplir las actividades laborales que les asignan, de manera generalmente no creativa, sin tener control efectivo sobre el uso del tiempo ni sobre los objetivos a los que sirven con su trabajo.

La situación de la clase de los intelectuales, científicos, profesionales y técnicos es bastante mejor, en cuanto gozan de mayores remuneraciones económicas y más reconocimientos sociales, pero se encuentran igualmente funcionalizados a los objetivos e intereses del bloque dominante. Operando de esta manera subordinada, son numerosos los profesionales de la economía que ponen sus conocimiento al servicio de la especulación financiera y de negocios que se realizan a expensas del medio ambiente y del desarrollo humano. Muchos intelectuales que trabajan en los medios de comunicación masiva manipulan la información, difunden conocimientos erróneos o parciales, desprecian y tergiversan las tradiciones de sabiduría, no valoran las ciencias y las artes que no aporten de modo inmediato a la obtención de ganancias económicas, poniéndose directa o indirectamente al servicio de los intereses económicos del capital financiero y de los poderes del Estado. Las universidades y los centros de investigación forman los profesionales y construyen los conocimientos que son requeridos por las empresas capitalistas y por el Estado, siendo controlados tanto mediante la financiación de los programas como mediante las regulaciones que les impone el poder político. Así, aunque no siempre estén conscientes de ello, se manipulan las creencias populares, las ideas religiosas, las supersticiones, para mantener al pueblo temeroso, ignorante e inculto, se fomenta la división social y los conflictos entre las naciones, y se oculta la información que pudiera despertar la conciencia crítica de las multitudes.

De este modo, con la colaboración activa de numerosos intelectuales y profesionales del conocimiento, de las comunicaciones y de la información, se mantienen subordinadas, masificadas, empobrecidas y divididas, a grandes y pequeñas comunidades humanas que, si en el mejor de los casos llegan a organizarse, lo hacen inevitablemente desde posiciones de subordinación, esto es, desplegando transitoriamente dinámicas reivindicativas y de presión social orientadas siempre a obtener de los poderosos del dinero y del poder, los beneficios que necesitan para mejorar sus condiciones de vida y que, apenas parcialmente recibidos, retornan a sus funciones preestablecidas y a la pasividad.

Las clases subordinadas y su tendencia a la autonomía.

Desde la condición de subordinación que afecta a los trabajadores, a los intelectuales y a las comunidades, surgen más o menos espontáneamente, dinámicas de distanciamiento, antagonismo y autonomía con respecto al bloque dominante. Tales dinámicas tienen diferentes manifestaciones y asumen distintas formas en cada clase o grupo social, pero es posible distinguir una similar secuencia de fases.

Una primera fase consiste en una suerte de toma de distancia, por parte de algunos integrantes de la clase o grupo social de referencia, respecto al 'orden' económico, político y cultural que los mantiene subordinados. Es un distanciamiento a nivel de los valores y de la ética, acompañado de intentos por diferenciarse a nivel individual, respecto a los modos de ser, de pensar y de sentir, de relacionarse y de actuar, que caracterizan a la clase o agrupamiento social al que pertenecen.

En el caso de los trabajadores, se manifiesta, por ejemplo, en un compromiso personal con el trabajo que se realiza, en el esfuerzo por la capacitación y el perfeccionamiento, en asumir el trabajo como vocación personal, etc. Entre los intelectuales, es la búsqueda de un pensamiento propio, el deseo de ir al fondo de los problemas y de los asuntos estudiados, la necesidad de pensar con la propia cabeza. En cuanto a las comunidades, se manifiesta en los esfuerzos por organizarse para enfrentar los problemas que las afectan, mejorar las relaciones humanas, y alcanzar mejores niveles de integración social, etc.

Dichas dinámicas de separación respecto al 'orden' implantado por el bloque histórico dominante encuentra límites que las personas que lo inician no pueden superar facilmente, pues pronto advierten que la realidad y las estructuras establecidas los condicionan y restringen en sus posibilidades. Así se origina una segunda fase, caracterizada por la crítica activa y el antagonismo respecto de aquello que se aspira dejar atrás y cambiar. No hay todavía claridad respecto a lo que se quiere, o apenas se esboza a nivel de una genérica afirmación de principios y de valores, pero sin que existan las propuestas y las formas prácticas que pudieran reemplazar lo que se critica. En esta fase, y como resultado de la misma actividad crítica, se expande y multiplica el sector de los que se plantean contra el orden establecido. Lo que en la fase inicial era un proceso individual, tiende a generar dinámicas organizadas que incluyen a crecientes sectores de la población, que se van configurando como masas o multitudes críticas. Pero al mantenerse el pensamiento y la acción al nivel de la crítica y del antagonismo, todavía permanecen 'dentro del sistema', como un elemento que contradice lo existente pero que no alcanza a postular ni a crear una efectiva alternativa. En la crítica y el antagonismo se permanece subordinado, pues se está todavía definido por aquello que se critica y contra lo cual se actúa.

En esta fase los trabajadores se organizan en sindicatos, realizan manifestaciones de masas, plantean reivindicaciones y petitorios. Los intelectuales y profesionales del conocimiento se manifiestan activamente como críticos al sistema, realizan denuncias y proclamas encendidas, se esfuerzan por difundir lo más ampliamente posible la conciencia crítica, y si se dan las condiciones llegan a encabezar el antagonismo y la lucha social. Las comunidades se tornan resistentes, refractarias a que en ellas se introduzcan nuevas empresas capitalistas y más instituciones de control público que reforzarían su subordinación. Aún cuando se les ofrecen aparentes ventajas, advierten los peligros que significan para sus modos de vida y las rechazan.

La tercera, que podemos identificar como la fase de la autonomía y de la construcción de la alternativa, es aquella en que se logra superar subjetiva y prácticamente la subordinación, mediante la creación, aún en pequeña escala, de iniciativas portadoras de modos nuevos de hacer economía, política, cultura. Es una fase que comienzan a transitar pocas personas y reducidos grupos, y que se inicia cuando toman conciencia de que las soluciones a los problemas y el cambio que desean no será realizado por los poderosos que organizan el orden existente, por más que se los presione y se les exija. Han aprendido que los únicos que pueden hacer esos cambios y crear esas nuevas realidades, son quienes lo desean consciente y voluntariamente, y lo desean con fuerza y convicción. Supone pasar de la conciencia crítica a la conciencia creativa, del mero antagonismo a la verdadera autonomía. Pues la autonomía consiste en la capacidad real y efectiva de hacer las cosas de otra manera, de vivir conforme a lo que se piensa y se desea para la sociedad a la que se pertenece.

La autonomía no es fácil, pues requiere renunciar a las ventajas y comodidades que proporciona la inserción pasiva en el orden existente; e implica iniciar una aventura plena de promesas pero de inciertos resultados. Por eso, al comienzo es emprendida por pocos; pero va creciendo a medida que se van evidenciando los logros de los que comienzan, las libertades que se conquistan, los valores superiores que se viven.

En esta fase el trabajo tiende a configurarse como trabajo independiente y asociativo, se crean cooperativas y empresas solidarias, organizaciones económicas alternativas, que se organizan con criterios de justicia, cooperación y solidaridad. En el ámbito intelectual, se crean teorías nuevas, se elaboran nuevos paradigmas epistemológicos, surgen nuevas ciencias, o nuevos enfoques teóricos que rompen los marcos de las disciplinas establecidas, se organizan centros de estudio, de formación y de investigación independientes, se pone el conocimiento, las comunicaciones y la información, al servicio de una transformación profunda de la cultura y de la sociedad. En cuanto a las comunidades, la autonomía se manifiesta en el empoderamiento y el autocontrol de sus procesos de desarrollo, en la experimentación de formas nuevas de organizarse y de vivir comunitariamente, en dinámicas de autosustentación solidaria.

El encuentro de los autónomos y la formación de un nuevo 'bloque histórico'.

Los autónomos, inicialmente pocos pero convencidos de la superioridad de sus concepciones y de sus iniciativas, se concentran en el desarrollo de sus proyectos, y el ánimo antagonista respecto a las realidades establecidas se atenúa, pues en su propio proceso creativo se han hecho conscientes de que construir una alternativa no es fácil, y de que si el 'sistema' y el 'orden' establecido por el bloque dominante se desmoronan antes de que se hayan puesto suficientes bases para un orden superior que lo reemplace, los sufrimientos humanos se multiplicarían innecesariamente. Es probable que deban enfrentar la crítica, y a menudo el desprecio, tanto de los defensores del orden establecido como de los críticos y antagonistas que no alcanzan a comprender sus propias limitaciones y subordinación, ni lo que significan en términos históricos las iniciativas autónomas.

Enfrentados a esas dificultades e incomprensiones, y movidos por sus propias búsquedas, los autónomos creadores de experiencias económicas, iniciadores de nuevas teorías y ciencias, y las comunidades empoderadas, descubren sus afinidades, se encuentran en espacios comunes, se colaboran recíprocamente, y van estableciendo alianzas estratégicas. Buscando juntos la autonomía, se potencian recíprocamente y les resulta más fácil alcanzarla. En tal proceso de conquista de la autonomía en que convergen las fuerzas del trabajo, del conocimiento y de la comunidad, el proceso se facilita y potencia. Es el comienzo de la conformación de un nuevo 'bloque histórico', pequeño pero en expansión, autónomo pero no dominante.

Para crecer y desarrollar todas sus potencialidades, este 'bloque histórico' en formación, requiere demostrar que es capaz de ofrecer a las personas y al conjunto de la sociedad una mejor forma de vida, más amplias y superiores satisfacciones a las necesidades y aspiraciones humanas. Ello implica que deberá alcanzar, y demostrar tener, una mayor eficiencia tanto en el empleo de los recursos disponibles como en los resultados que generan en sus organizaciones y actividades económicas, políticas, científicas, culturales. Solamente por la superioridad de los resultados económicos, científico-técnicos y de integración comunitaria que logren, la autonomía alcanzada podrá sostenerse en el tiempo; y sólo por dicha superioridad que es no solamente ética sino también práctica, podrá crecer, atrayendo y asimilando más trabajadores, más intelectuales, profesionales y científicos, y más comunidades, que se harán parte del proyecto original del nuevo bloque histórico.

Hablar de eficiencia es hablar de racionalidad. Y ello en un sentido muy preciso, en cuanto cada bloque histórico es portador de una propia racionalidad, que se ha de manifestar tanto en la actividad económica como en la construcción del conocimiento y en la corfiguración de las comunidades humanas. En tal sentido, el nuevo bloque histórico deberá explicitar su racionalidad diferente y superior a la del bloque histórico dominante, y aplicarla coherentemente en el desarrollo de las actividades económicas, cognitivas y comunitarias.

Una racionalidad que funda la eficiencia en la cooperación y no en la competición.

La confrontación entre el bloque histórico dominante y el bloque histórico emergente no se resolverá, en el largo plazo, en términos de una lucha por el poder político, sino por sus correspondientes y relativas capacidades de alcanzar la mayor y mejor eficiencia económica, en base a la racionalidad de que son portadores. En tal sentido es oportuno hacer referencia, aunque sea brevemente, a las racionalidades en cuestión.

La racionalidad del bloque histórico dominante se basa en la competición entre los miembros de la colectividad, y opera a través de la selección de los más capaces. La racionalidad del bloque histórico emergente se basa en la cooperación entre los miembros de la colectividad, y opera a través de la inclusión. Las podemos explicar y distinguir con un ejemplo.

Supongamos un grupo-curso de 30 estudiantes en una sala de clases. En la lógica de la competición y de la selección, el profesor motiva a los alumnos para que estudien y realicen sus máximos esfuerzos, anunciándoles que todos serán sometidos a evaluación de sus aprendizajes al término de un período escolar. Como resultado de dicha evaluación, los estudiantes serán ordenados desde el primero al último del curso, según las calificaciones que hayan obtenido. Los primeros 5 estudiantes obtendrán reconocimientos y premios, de mayor a menor.

Si los estudiantes han asimilado rigurosamente esta lógica, en una primera etapa cada uno se esforzará por alcanzar las mejores calificaciones, en un esfuerzo puramente individual. Incluso cada uno tratará de que los compañeros del curso se distraigan, se equivoquen, y si alguien pregunta o pide ayuda a un compañero, éste estará tentado a entregarle información falsa, de modo que sus calificaciones empeoren y así sacarlo de la competencia.

Los 5 mejores alumnos obtendrán los premios correspondientes. En una segunda etapa, lo más probable es que los que resultaron últimos o mediocres en la escala, se desanimen y consideren perdida la competencia. Desilusionados, dejarán de competir, conformándose con sus calificaciones mediocres. Tal vez los que obtuvieron posiciones entre los 10 primeros continúen compitiendo duramente, pero lo más probable es que poco a poco se irá consolidando el grupo de los 5 mejores, con la consecuencia de que los otros dejen de esforzarse, al no haber recibido premios a pesar de los esfuerzos realizados.

En una tercera etapa, es probable que el grupo de los 5 mejores, ya consolidado en las posiciones de privilegio alcanzadas, se organice y asocie para estudiar juntos, con el fin de asegurarse y liberarse de cualquier amenaza de alguien de los de abajo que continúe aspirando a alcanzarlos y desplazarlos.

Es la lógica de la competición selectiva propia del bloque histórico capitalista y estatista. Veamos que ocurre en un grupo curso motivado al estudio con la lógica de la cooperación incluyente del bloque histórico emergente.

Conforme a esta racionalidad, el profesor motiva a los alumnos para que estudien y realicen sus máximos esfuerzos, anunciándoles que todos serán sometidos a evaluación de sus aprendizajes al término de un período escolar. Les explica, además, que si el promedio de calificaciones alcanza un determinado nivel elevado considerado satisfactorio, todo el curso será premiado con un paseo, un viaje, una experiencia gratificante.

Si los estudiantes han asimilado rigurosamente esta lógica, en una primera etapa todos ellos tenderán a esforzarse individualmente, conscientes de que sus propios resultados contribuirán a incrementar la calificación promedio del grupo-curso. Ahora bien, si la meta establecida para el premio la obtiene el grupo sin mayor dificultad, es probable que, en una segunda etapa, el grupo se estanque y vaya perdiendo incentivos para esforzarse. Los de mejor nivel, que sobrepasan ampliamente la calificación promedio, verán disminuida su motivación y estímulo, al tiempo que los que están en niveles inferiores al promedio probablemente no sientan motivación y estímulo para superarse, dado que los más adelantados les aseguran el resultado que los premia a todos por igual.

Si en cambio la meta establecida es alta y el grupo no logra alcanzarla pero no pierde la esperanza de lograrla, tenderá a ocurrir, que los más adelantados se esforzarán especialmente y serán incentivados por sus propios compañeros para que mejoren aún más sus puntajes. Al mismo tiempo, los rezagados serán ayudados por los más avanzados, pues sólo si ellos se superan podrá subir suficientemente el promedio de todo el curso.

En ambos casos, con el tiempo, o sea en una tercera etapa, el grupo-curso alcanzará un equilibrio en un nivel levemente superior al promedio requerido para la obtención del premio, caso en el cual irán desapareciendo las motivaciones tanto de los mejores estudiantes para continuar avanzando, como de los rezagados para superarse. Esta es, claramente, una limitación inherente a la lógica de la cooperación y de la inclusión en que la recompensa sea igualitaria, de la que es preciso estar conscientes.

Pero es una limitación que se genera bajo la condición de que el premio sea igual para todo el grupo-curso, independientemente de los aportes realizados por cada uno. Esta es una condición que es posible eliminar sin trasgredir los criterios esenciales de la racionalidad de la cooperación incluyente, lo que hemos ampliamente argumentado y propuesto en relación a la economía solidaria y cooperativa. En efecto, en ella se establece un criterio que no es el de la igual recompenza para todos, sino el de la retribución o recompensa proporcional a los aportes realizados por cada integrante del grupo (que es un criterio de justicia), corregido por un componente de retribución para el grupo o colectivo como tal, esto es, reservar un porcentaje del beneficio para asignarlo con criterios de solidaridad, de manera de compensar las menores retribuciones de los menos dotados, y/o de favorecer a los más necesitados.

Las racionalidades económicas, el 'pacto social' y el formación del bloque histórico.

La conformación de un 'bloque histórico' entre clases o grupos sociales diferentes, implica el establecimiento entre ellos de un 'pacto social' o alianza estratégica. Ello no es el simple resultado de la voluntad de las partes, que siendo necesaria, no es suficiente para garantizar la permanenca histórica de la unidad indispensable. Lo que se requiere es una raciionalidad económica que se manifieste en estructuras, instituciones y marcos jurídicos estables.

Así, la formación del bloque histórico (emergente) entre las fuerzas del trabajo, del conocimiento y de la comunidad, requiere consolidarse mediante una racionalidad económica que garantice los derechos y los intereses de las distintas clases o grupos sociales que lo constituyen. Por ello es importante comprender por qué y de qué modo la racionalidad de la cooperación incluyente, tan como la hemos descrito, puede garantizar los derechos y los intereses de los tres grupos sociales que conforman este bloque emergente, y que por cierto no son homogéneos. Ello se traduce en una pregunta clave: ¿Cuáles son los criterios de distribución de beneficios que es necesario articular en la organización económica, para garantizar el cumplimiento de los derechos y los intereses de sus tres clases o grupos sociales paeticipantes?

La fuerza de trabajo, constituida en categoría económica organizadora, tiende naturalmente a establecer un criterio de justicia distributiva: a cada cual según su trabajo, o dicho de otro modo, distribución de los beneficios a prorrata de las apotaciones de cada trabajador.

La comunidad, constituida en categoría económica, tiende naturalmente a establecer un criterio de igualdad: a cada cual según sus necesidades, o dicho de otro modo, distribución igualitaria en cuanto todos tenemos las mismas necesidades, pero con preocupación preferente de aquellos cuyas necesidades se diferencian por razones de salud, edad, educación, etc.

El conocimiento y la tecnología constituidos en categoría organizadora, tienden naturalmente a establecer un criterio meritocrático, que establece la proporcionalidad entre los aportes y los beneficios, pero valorando de modo especial la excelencia, que se manfieste en el descubrimiento y la innovación que merecen un premio o reconocimiento particular.

Si tales son las lógicas particulares de los tres componentes sociales del bloque histórico emergente, podemos concluir que la racionalidad de la cooperación incluyente que hemos descrito, armoniza con alta coherencia los criterios de distribución correspondientes a las tres categorías que lo constituyen. sociales (los trabajadores, los profesionales del conocimiento y la tecnología, y las comunidades), reconociéndose con justicia sus correspondientes aportes diferenciados, y favoreciendo la integración social incorporando criterios de solidaridad social.

En efecto, en dicha racionalidad se establece una distribución a prorrata según las aportaciones de cada uno, que implica premiar de modo especial la excelencia, y al mismo tiempo se evita la desigualdad y la marginación al establecerse los criterios complementarios de la distribución social básica (al grupo como tal) y de la solidaridad para atender las necesidades de todos, que corresponden a la lógica especial de la comunidad constituida en categoría organizadora.

El proyecto histórico del bloque histórico emergente.

Un 'bloque histórico' se consolida en la elaboración y definición de un proyecto histórico. Es mediante la definición de su proyecto histórico, de largo plazo, que un bloque histórico pone en evidencia la plenitud de su sentido y adquiere legitimidad ante el conjunto de la sociedad. Cabe, entonces, preguntarse: ¿cuál es el proyecto histórico del bloque histórico emergente, constituido por las fuerzas del conocimiento, del trabajo y de la comunidad?

Esta es una pregunta que no podemos responder cabalmente, sino apenas esbozar en líneas muy generales, pues el proyecto histórico de un nuevo bloque histórico ha de ser elaborado por ese mismo conjunto de fuerzas sociales que lo constituyen. Pero podemos adelantar algunas ideas generales, a partir de la consideración de las características propias de las fuerzas sociales que lo pueden constituir, en base a sus respectivas racionalidades histórico-políticas.

Dejamos hasta aquí los temas que en este artículo hemos expuesto de modo sencillo y en un nivel de divulgación y de gran generalidad. Para los interesados en un conocimiento analítico y riguroso de ellos, remitimos a dos libros donde los hemos examinado ampliamente y en profundidad, a saber, *Empresas Cooperativas y Economía de Mercado*, y *Teoría Económica Comprensiva*.

XI

¿QUÉ SE ENTIENDE POR SOBREPRODUCCIÓN, PORQUÉ SE GENERA, Y CÓMO PUEDE SUPERARSE?

*"Podemos comparar la Producción con una muchacha a la que persigue un amante apático, el Consumo; la distancia entre ellos es la Acumulación: el ritmo de aumento de las existencias; si este margen es demasiado grande, la Producción debe reducir el paso esperando que el Consumo la alcance; pero cuando ella acorta el paso, él lo acorta aún más, es decir, que la distancia no se reduce en la proporción que ella desea; ella reduce más el paso y él igual, hasta que finalmente los dos se arrastrarán a un paso tan lento que no le quedará otro remedio a él que ganar un poco de terreno". (*Kenneth E. Boulding. *Principios de Política Económica.* Madrid, Aguilar, 1963, página 67.*)*

El tema de la 'sobreproducción' reaparece cada cierto tiempo en los debates económicos. Ello ocurre especialmente en los períodos de crisis, porque las crisis son procesos directamente asociados al fenómeno de la sobreproducción. Es así que la cuestión ha vuelto a estar de actualidad. Con la **Teoría Económica Comprensiva** podemos contribuir a un mejor, más amplio y más profundo conocimiento del fenómeno, y descubrir modos nuevos de enfrentarlo. Naturalmente, debemos comenzar el análisis del tema con lo que ya han establecido las concepciones económicas convencionales.

La 'sobreproducción' parece ser el más grande de los problemas en la economía contemporánea. Significa, en concreto, que se producen más bienes y servicios que los que son demandados o que pueden ser vendidos en el mercado a precios que cubran los costos y generen alguna utilidad. La sobreproducción -entendida a menudo como un fenómeno coyuntural en cuanto se la reduce a un exceso de stock de mercancías que no se venden- se verifica asociada a un fenómeno mucho más amplio y general, estructural y permanente, que es el verdadero asunto implicado en la sobreproducción: una parte de la capacidad productiva instalada (de los recursos y factores productivos existentes, incluidas la capacidad de trabajo, la disponibilidad de financiamientos, de tecnologías, de recursos naturales, de las capacidades empresariales y gestionarias, etc.) permanece desocupada, inactiva.

La otra cara de la sobreproducción es la pobreza (relativa). Pues es lo mismo decir que hay exceso de oferta y de capacidades productivas (sobreproducción), que afirmar que hay escasez de demanda y de capacidad de compra (subconsumo). En efecto, existiendo capacidad de producir abundantes bienes y servicios, la demanda de ellos no se verifica, y los bienes y servicios no se producen ni llegan a quienes los necesitan. Una porción significativa de la fuerza de trabajo permanece desocupada porque no hay suficiente demanda de los bienes y servicios que pudieran producirse con tal fuerza de trabajo. La desocupación y la pobreza, en efecto, se manifiestan acentuadas cuando existen abundantes recursos inactivos, desaprovechados, y muchos bienes y servicios que pudiendo ser producidos no son demandados por una población que carece del indispensable poder de compra.

Cuado se acentúa el fenómeno de la sobreproducción se detiene el crecimiento económico, pues no tiene sentido continuar incrementando la producción, invirtiendo en nuevas empresas, contratando fuerza de trabajo, etc. si no habrá demanda para esa producción aumentada. La sobreproducción, que se acentúa y agudiza periódicamente, conlleva crisis, recesión, desempleo, subinversión.

Para explicar el fenómeno de la sobreproducción, los economistas neo-clásicos afirman que los mercados tienden espontáneamente al equilibrio entre la oferta y la demanda, cuando operan en libre competencia y no existen interferencias que distorsionen el sistema de precios. Según ellos, entonces, la sobreproducción sería una manifestación de imperfecciones en el mecanismo regulador automático del mercado, esto es, en el sistema de precios. Imperfecciones que en gran parte serían consecuencia de las intervenciones de la autoridad política y de regulaciones jurídicas que distorsionan la libre asignación y movilidad de los factores. Las crisis de sobreproducción ocurrirían simplemente porque, cuando se instala el desequilibrio entre oferta y demanda, el propio mercado tiende a corregirlo, haciendo disminuir la demanda y/o contrayendo la inversión y la oferta. Pero esta contracción económica seria transitoria, pues restablecido el equilibrio la economía continuaría con su ritmo ascendente. El mecanismo regulador principal sería la tasa de interés del dinero, que operaría de manera perfecta si ella fuera establecida exclusivamente por el funcionamiento del mercado mismo.

Esta concepción neo-clásica no corresponde a lo que realmente ocurre, en cuanto se basa en un supuesto erróneo fácil de identificar. La economía del equilibrio neo-clásico se basa en el supuesto de que el mercado opera con 'recursos dados'. Si los recursos, o mejor, los factores productivos permanecen constantes, el sistema de precios hará que todos ellos sean ocupados con eficiencia, en niveles de precios tales que todos los bienes y servicios producidos serán demandados oportunamente. Operando en esas condiciones, el único incremento de la oferta y de la demanda sería consecuencia del aumento de la eficiencia y de la productividad, que impactarán simultáneamente a la oferta y a la demanda, que se mantendrían en un equilibro dinámico.

Pero es necesario asumir el hecho esencial de que **permanentemente se están creando nuevos y más abundantes recursos y factores productivos**. Es cierto que, al mismo tiempo que aumentan los recursos se incrementan también las necesidades humanas. ¿Por qué entonces no se mantiene dinámicamente el equilibrio entre la oferta y la demanda, mediante el operar espontáneo del mercado y su mecanismo regulador que son los precios? Pues, porque la competencia entre los productores y la consiguiente innovación tecnológica (que permite producir con menor dotación de fuerza laboral) van desplazando y sacando del mercado a los productores y a los recursos menos eficientes, quedando en el mercado los más dinámicos y eficientes, que junto con su propio crecimiento dan lugar a una progresiva concentración de los ingresos. En esta dinámica concentradora y excluyente, los productores aumentan sus capacidades de inversión a un ritmo que supera la capacidad de los consumidores de incrementar su demanda de bienes y servicios.

Es así que, contrariamente a lo que sostienen los neo-clásicos, la intervención del Estado en la economía - expandiendo el gasto público, incrementando la emisión monetaria, reduciendo la tasa de interés, estableciendo impuestos, fijando salarios mínimos, generando inflación de precios, redistribuyendo la riqueza mediante subsidios, y con cualquier otro mecanismo que fortalezca la demanda -, contribuye a disminuir la sobreproducción.

Conviene detenernos a examinar con algún detalle todo lo que se ha hecho, desde la 'gran crisis' de 1930 hasya hoy, para enfrentar el problema de la sobreproducción.

Políticas de economía estatal y gasto público.

1. Las guerras y las carreras armamentistas, que generan una enorme expansión de la demanda de bienes y servicios (aunque sean males y prejuicios, pero que movilizan muchos recursos y activan la producción y las inversiones).

2. El Estado de bienestar, esto es, la impresionante expansión de los servicios públicos, de educación, salud, seguridad, protección social, viviendas sociales, empleos de emergencia, jpensiones de varios tipos, etc. financiados por el Estado.

3. La expansión de las burocracias, que hacen del Estado y de las instituciones públicas de todo nivel, gigantescos demandantes de bienes y servicios (aunque muchos de ellos no sean necesarios), y que dan lugar a una enorme cantidad de empleados fiscales, municipales, etc. con poder de compra.

4. Numerosos incentivos y subsidios al consumo y la demanda de bienes y servicios determinados, que en tal modo resultan más económicos y a menor precio para los consumidores. Cuando estos incentivos y subsidios se amplifican y extienden en el tiempo, se las considera políticas económicas 'populistas'.

5. Corrupción, despilfarro, ineficiencia, que tienen el efecto de reducir la sobreproducción al desviar y destruir recursos productivos y aumentar la demanda de bienes y servicios tanto en el propio Estado como en el mercado.

Políticas de mercado y gasto privado.

1. Incremento del crédito de consumo, tanto por bancos, casas comerciales y tarjetas de crédito. Los niveles de endeudamiento de los consumidores vienen siendo crecientes y llegan a muy elevados niveles, adelantando en varios meses e incluso años los ingresos esperados por los consumidores.

2. Créditos hipotecarios y con garantías en activos de todo tipo, que permiten generar flujos de dinero y poder de compra a las empresas y a todos los agentes económicos, por un monto prácticamente equivalente al valor de la riqueza y/o patrimonio acumulado por ellos. La hipoteca de una propiedad o la garantía de créditos mediante un paquete de acciones, o cualquier otro activo, genera a su propietario un monto de ingresos

disponibles para comprar, que es equivalente al valor de esa propiedad o de esas acciones.

3. Incentivos al crédito, mediante la reducción de la tasa de interés de política monetaria (Bancos Centrales).

4. Exacerbación de la demanda a través de la publicidad, a la cual se destina un porcentaje enorme de los recursos de las empresas. Mediante el mismo medio, se crean artificialmente nuevas necesidades en los consumidores (el fenómeno conocido como 'consumismo').

5. Reducción de la 'vida útil' de los bienes y servicios, de modo que los consumidores se vean ante la necesidad de recomprar para reponer los bienes y servicios que han adquirido poco antes y que ya no les sirven.

6. Acortamiento de la jornada laboral, así como de la vida laboral de las personas, mediante el aumento de los años de escolaridad obligatoria y la disminución de la edad de pensionamiento.

Políticas nacionalistas de mercado internacional.

1. Fijación de aranceles y de otros gravámenes y exigencias (comerciales, ambientales, laborales, etc.) que gravan las importaciones, de modo de defender la producción nacional restringiendo las importaciones de

productos extranjeros y orientando la demanda interna hacia la producción nacional.

2. Ampliación de los mercados externos para la producción nacional, incluyendo políticas de promoción, tratados de libre comercio entre países, acuerdos de complementación, etc.

3. Devaluación de la moneda local respecto de la divisa internacional, con lo que se espera reducir las importaciones e incrementar las exportaciones.

4. Guerras comerciales y de monedas, que son el resultado de la exacerbación de las mencionadas políticas nacionales, ejecutadas simultáneamente por los distintos países o grupos de países.

Como puede apreciarse por esta impresionante lista de acciones y de políticas tendientes a enfrentar la sobreproducción, es enorme la importancia que tiene y que ha adquirido este problema en la época moderna. Prácticamente todas las políticas económicas están dedicadas a enfrentarlo. Y es decisivo comprender como, después de la aplicación tan amplia y sistemática de estas políticas, que han permitido con bastante éxito incrementar la demanda y favorecer el crecimiento económico durante décadas, en la actualidad -en la actual 'gran crisis' que estamos viviendo a nivel global- las mismas políticas y acciones ya no sirven, o han perdido gran parte de su eficacia, dado que el fenómeno de la sobreproducción (y de la escasez relativa de la demanda) ha continuado creciendo y acentuándose incluso en el contexto de esas políticas con las que se ha pretendido controlarla.

En efecto, en los últimos episodios de crisis y sobre todo en la actual crisis económica global, se ha acentuado la aplicación de prácticamente todas las mencionadas políticas tendientes a estimular el gasto público y privado; pero ya la demanda apenas reacciona débilmente y por tiempos cada vez más cortos, sin que pueda observarse una verdadera recuperación del consumo, de la producción y del empleo. Con la excepción de algunos pocos países que mantienen sus finanzas públicas en equilibrio y sin déficits estructurales acentuados, pareciera que se han agotado los recursos disponibles para impulsar el gasto y el consumo.

Pues estas políticas que incentivan la demanda -llamadas genéricamente keynesianas aunque no todas se funden en esa corriente económica-, no pueden terminar con el fenómeno estructural de la sobreabundancia de capacidades y fuerzas productivas, aunque la reducen y en períodos breves de tiempo pueden dar la sensación de que el fenómeno quede superado. Ello porque, en definitiva, el déficit público que pueden sostener las economías nacionales es limitado, como limitada es la capacidad de endeudamiento de las empresas, de los consumidosres y de cualquier otro agente económico. En particular, los impuestos no pueden incrementarse hasta el punto que

300

terminen con el incentivo de las utilidades y tornen no competitivas a las nuevas inversiones; el gasto público no puede aumentarse hasta el punto que genere un déficit fiscal que obligará a contraer la economía en el futuro; las políticas de estímulo monetario no pueden llevarse a un nivel que produzcan una inflación que termine reduciendo el poder de compra de las remuneraciones, que castiguen el ahorro y que entorpezcan que el dinero cumpla sus importantes funciones.

En síntesis, el límite en la acción del Estado contra la sobreproducción está dado por el hecho que las mencionadas políticas no pueden acentuarse demasiado ni por períodos muy prolongados de tiempo, pues ello tendría como efecto una reducción de la producción en el mediano y largo plazo, con la secuela de consecuencias negativas que ello conllevaría.

Pero a la base de ello y más allá de ello, lo que explica este debilitamiento de la eficacia de todas estas políticas tendientes a incrementar la demanda para paliar la crisis de sobreproducción, es el hecho que el incremento de las capacidades productivas durante las últimas décadas ha sido tan elevado y acelerado, que ha sobrepasado el ritmo también elevado y acelerado de incremento de la demanda que se ha podido alcanzar mediante los incentivos y estímulos que se han aplicado sistemáticamente durante décadas. Y es que, en definitiva y en último término, también la demanda inducida, artificialmente o no, por las políticas de gasto público, monetarias, comerciales y de créditos, deben finalmente ser solventadas con ingresos reales, por más diluidos en el tiempo y socializados por la inflación que se haya logrado. Y cuando ya los déficit del sector público son excesivos, y cuando también se han exagerado los créditos y las emisiones monetarias, todos esos instrumentos para aumentar la demanda terminan agotándose y/o perdiendo eficacia.

Pero esto no es lo más grave. Hay dimensiones o aspectos nuevos del problema actual de la sobreproducción, que no tienen antecedentes históricos, y que lo convierten en el más grande desafío que deberá enfrentar la humanidad en los próximos tiempos.

Un primer aspecto que hace hoy del problema de la sobreproducción algo inédito y de dificilísima superación, consiste en que en todos estos años en que se acentuaron las políticas de estímulo a la demanda y en que se exacerbó la competencia entre las grandes empresas y los distintos países y regiones del mundo por colocar los productos en el mercado, la producción experimentó un crecimiento impresionante. Un crecimiento tal que está encontrando sus límites ya no sólo económicos sino incluso físicos, en el agotamiento del petróleo y otros recursos fundamentales, en el deterioro del medio ambiente y de los equilibrios ecológicos, en el cambio climático y el calentamiento global, por mencionar los más relevantes. Así, por ejemplo, si el petróleo se agota o experimenta un incremento acelerado de su precio, quedarán innumerables actividades productivas paralizadas. Lo mismo ocurrirá si los deterioros ambientales obligan a las sociedades y los Estados a establecer efectivas exigencias de control de emisiones contaminantes y a fijar nuevos estándares de impacto ambiental a las inversiones.

Un segundo aspecto que tiende a agravar el problema consiste en que parece haberse llegado, respecto a numeros tipos de bienes y servicios y para una porción importante de la población, a un nivel de consumo tal que en vez de satisfacer las necesidades, generar bienestar y mejorar la calidad de vida, se está dando lugar a una saturación del consumo, de modo que su incremento tiene efectos indeseados. Algunos ejemplos: es tanta la cantidad de automóviles que su incremento dificulta el transporte en vez de mejorarlo. Es tanta la producción de informaciones que su recepción obstaculiza la adecuada toma de decisiones en vez de facilitarla. Son tantas las atenciones médicas que su incremento termina creando enfermedades nuevas y aumentando la cantidad de días en que las personas son declaradas enfermas. Es tanta la cantidad de artefactos del hogar que agregar otros implica un deterioro de la vida doméstica. Y así en muchos otros casos. Puede decirse, además, que buscándose incrementar la demanda de bienes y servicios para dar cabida al crecimiento de la producción, se ha generado el fenómeno del consumismo, en que muchos bienes y servicios ya no corresponden a una real satisfacción de necesidades. Se dirá que tal consumismo y tal saturación del consumo no afecta a toda la población. Es cierto, pero lo que importa en términos del mercado no es la satisfacción de las necesidades humanas sino la satisfacción de la demanda solvente, aquella que puede pagar por los bienes y servicios que se le ofrecen.

Tan serios son estos problemas y se difunden tan rápidamente, que se están fortaleciendo los movimientos ciudadanos y las propuestas académicas que plantean la necesidad de detener el crecimiento económico y de reducir los niveles de consumo, promoviendo formas de vida más sencillas. Pudiéndose por cierto discutir que tales sean caminos apropiados para enfrentar los problemas, lo cierto es que el dilema que se plantea actualmente pareciera tornar imposible enfrentar el fenómeno del sobreconsumo en los niveles que ha alcanzado actualmente. Y es o será pronto en realidad imposible, en el contexto de los modos de producir, de distribuir, de consumir y de acumular, propios de la economía imperante.

¿Es, entonces, que se ha llegado al final, a una crisis sin retorno y sin salida, y que no queda ya nada por hacer? Para responder debemos ir al fondo del problema, a sus raíces, y desentrañar sus 'causas últimas'.

Para acceder a tal nivel de comprensión volvamos a la definición inicial que nos llevó a poner la sobreproducción y la pobreza (relativa) como las dos caras de un mismo fenómeno. Observamos que la sobreproducción es el fenómeno visto desde el lado de los productores, que afirman: "No podemos vender todo lo que producimos". La pobreza es el mismo fenómeno, pero visto desde el lado de los consumidores: "No podemos comprar todo lo que necesitamos". Desde ambos lados, el punto crucial es el precio de los bienes y sdervicios que se compran y venden: si para aumentar las ventas se reduce el precio de los bienes, los productores no cubren los costos de producción ni obtienen las utilidades esperadas de su inversión. Y si los precios no se reducen, o aún peor, aumentan con el objeto de mantener las utilidades de los productores, los ingresos de los consumidores no alcanzan para sostener la demanda en sus niveles actuales.

Así planteado el problema, se presenta como una cuestión propia del mercado de intercambios, donde todos los factores, bienes y servicios se intercambian por dinero, asumiendo un determinado precio. En este contexto, lo que explica en último término la sobreproducción es lo mismo que explica sus causas inmediatas: la competencia, la innovación tecnológica, el incremento de los recursos y capacidades productivas. Y es el hecho que, en el mercado de intercambios la actividad productiva, la creación de valor económico, está siempre supeditada a la obtención de ganancias monetarias (lo que en cierto lenguaje crítico suele llamarse el 'afán de lucro'), lo cual implica que el empresario (el organizador de la actividad productiva) debe pagar a los aportadores de factores que contrata, y en especial a la fuerza de trabajo, menos de lo que ellos producen. Al obtener menos ingresos destinados al consumo, que los que se destinan a la acumulación, el equilibrio entre oferta y demanda no puede alcanzarse.

En efecto, la sumatoria de los ingresos de los aportadores de factores, más los impuestos obtenidos por el Estado, constituyen el total de los dineros disponibles para el consumo; pero los ingresos del productor son mayores a dicho monto global destinado al consumo, lo que permite a los productores acumular e invertir, haciendo crecer las capacidades productivas a un ritmo mayor que el crecimiento de las capacidades de consumo. Esta es la disparidad que, después, las dinámicas de redistribución de la riqueza actuados por el Estado morigeran y reducen; pero nunca podrán disminuir la disparidad hasta el punto de anular las ganancias de los productores, pues en tal caso éstos simplemente dejarían de producir al carecer de incentivos para hacerlo.

Si es así, la única forma de terminar con la sobreproducción (agotados los medios 'convencionales' mencionados), sería que un determinado porcentaje de los productores renunciara a las ganancias, instaurando en consecuencia la gratuidad en la producción. En realidad, para que el fenómeno de la sobreproducción desaparezca, sería necesario que la capacidad productiva excedentaria, esto es, los factores productivos que permanecen actualmente desocupados por carecer de la demanda en el mercado que los ponga en operación, decidan autoconsumir y donar la producción que ellos puedan realizar, para satisfacer las necesidades propias y las de consumidores que no tienen capacidad de pagar los bienes y servicios en cuestión.

Obviamente, esto parece ser y en realidad es una utopía. Sin embargo, no lo es completamente, pues autoconsumo, donaciones y gratuidad en la economía existen. De hecho, existen en mayor proporción de lo que se cree habitualmente. ¿Dónde? Pues, en la economía doméstica, en la economía de comunidades, en la economía institucional de donaciones, en la economía de cooperación, mutualismo y ayuda mutua, en la economía de redes, en la economía de voluntariado, en síntesis, en la economía solidaria.

Lo que importa en relación con el análisis teórico que estamos desplegando, es ante todo comprender por qué existen donaciones y gratuidad en la economía. Una primera respuesta puede ser: porque en los seres humanos, en los grupos y comunidades, en la sociedad en general, existe solidaridad, esto es, capacidad de asumir como propias las necesidades de otras personas y grupos; o dicho al revés, porque las necesidades insatisfechas de otras personas motivan la actividad económica (trabajo, donaciones, etc.) de quienes tienen excedentes y pueden contribuir a satisfacerlas. Pero si vamos aún más al fondo en la comprensión de las donaciones y de la gratuidad, y accedemos a lo que podamos entender como sus'causas' últimas', nos encontraremos con el fenómeno de la sobreproducción, o más exactamente, con aquello que en último término da lugar al fenómeno de la sobreproducción.

En efecto, el fenómeno de la sobreproducción no es solamente un problema del mercado, y descubrir sus causas más profundas nos lleva a una cuestión antropológica que abarca todas las dimensiones de la vida humana y que recorre la historia entera de la humanidad.. En efecto, la sobreproducción es un hecho, una tendencia, una realidad permanente, que se ha dado a lo largo de toda la historia de la sociedad y del mercado. Siempre ha habido más capacidad de producir que de vender lo que se produce; siempre ha habido capacidades productivas que permanecen involuntariamente ociosas; y siempre en consecuencia ha habido motivación para donar alguna parte de lo que se puede producir de modo de satisfacer necesidades que no quedan satisfechas por el mercado.

Es que, en la raíz de la sobreproducción está el hecho que los seres humanos, tanto como individuos y como grupos y comunidades, somos intrínsecamente creativos, productivos, innovadores, volcados a ampliar nuestro radio de acción, orientados a siempre nuevas, mayores y mejores realizaciones y logros. En los circuitos económicos de mercado, pero también más allá de ellos, en los ámbitos de las actividades comunitarias, culturales, religiosas, científicas, asociativas, recreativas, los individuos y las sociedades somos fuente permanente de nuevos recursos, de factores productivos potencialmente empleables en la economía, que buscan activamente ser aprovechados.

Los seres humanos somos también sujetos de necesidades, aspiraciones y deseos crecientes, tanto a nivel individual como comunitario y colectivo; necesidades, aspiraciones y deseos que se expanden a medida que se avanza en su realización y satisfacción. En todo momento queremos ser más que lo que somos, buscamos ampliar nuestras experiencias. Así, creamos y empleamos siempre más recursos, más bienes y servicios útiles para la satisfacción de estas necesidades, aspiraciones y proyectos. Desarrollo de capacidades y recursos, y satisfacción de las necesidades, son procesos que interaccionan y se potencian recíprocamente.

Pero en tal proceso de realización humana, a la vez productivo y consumidor, la dimensión productiva se expande más rápidamente que la dimensión del consumo. Dicho de otro modo, nuestras capacidades creativas y productivas son más potentes que nuestras necesidades y capacidades de consumo. Esta es la causa última de aquello que los economistas, restringiendo el análisis a los circuitos de mercado, han llamado 'sobreproducción' y 'subconsumo'. El fenómeno que atraviesa al conjunto de la economía, la trasciende y abarca todas las dimensiones de la experiencia humana.

Lo podemos apreciar, por ejemplo, en las actividades cognitivas, en la producción de conocimientos, en las actividades artísticas. La cantidad de investigacones científicas, de análisis sociales, de ensayos filosóficos, de obras literarias, de obras pictóricas, musicales, audiovisuales, etc., es muchísimo mayor que la disposición que existe en la sociedad, no solamente a publicarlos y exponerlos al público que pudiera interesarse en conocerlos, sino que incluso pareciera ser mayor que la disposición que pueda existir en toda la sociedad para leerlos, verlos y obtener de ellos los aprendizajes y la gratificación que esas obras pudieran proporcionar.

Por ello, siempre habrá sobreproducción y subconsumo, en un proceso de crecimiento de ambas: capacidades creativas y productivas por un lado, necesidades y deseos por el otro. Es por esto que no son convincentes ni apropiadas las propuestas del decrecimiento ni de volver a formas más primitivas de vida y consumo. Y es por eso que existen, han existido siempre y existirán en la sociedad, mecanismos de mercado y de competencia entre los productores para acceder a una demanda que inevitablemente tienen que estar permanentemente conquistando, convenciendo, seduciendo.

Pero si, como vimos, se ha llegado a un punto de saturación del consumo de numerosos bienes y servicios, y al mismo tiempo se está verificando el agotamiento de ciertos recursos y energías indispensables para continuar el crecimiento, ¿qué significado tiene ello respecto al desarrollo de la experiencia humana, en las dos dimensiones esenciales de la creación y de la utilización de lo creado? Y ¿qué ha de ocurrir tendencialmente? Y sobre todo ¿qué se puede hacer?

Un decrecimiento económico causado simultáneamente por una saturación de la demanda y por el agotamiento de importantes recursos es, en realidad, el más grave de los problemas que pudieran afectar a la sociedad. Las manifestaciones más evidentes e inmediatas serían, un grande y creciente desempleo de la fuerza de trabajo, y una fuerte y progresiva disminución de la satisfacción de las necesidades de la población. Estaríamos ante una gran depresión económica, que se prolongaría en el tiempo hasta que se encontrara un nuevo punto de equilibrio entre las disminuidas capacidades produtivas y las también reducidas necesidades posibles de satisfacer. Antes de que tal equilibrio se restableciera, es probable que la población humana se hubiera tenido que contraer dramáticamente. Es el panorama desolador que pronostican quienes temen que estamos ya iniciando el declive en la capacidad de producción de petróleo antes que las nuevas fuentes de energía se desarrollen suficientemente para sustituirlo.

No es ése un destino inevitable. En realidad, tal perspectiva catastrófica es inevitable -aunque no sabemos si a corto, mediano o largo plazo- en el caso que se mantengan los actuales modos de producción, de distribución y de consumo. Pero, provistos de la Teoría Económica Comprensiva y en base a las experiencias de la economía solidaria, podemos afirmar que otras formas de desarrollo económico son posibles, en las que se desplieguen formas nuevas de enfrentar los problemas de la sobreproducción y del subsonsumo.

En base a las experiencias de la economía solidaria podemos concebir y proyectar diferentes maneras de ampliar el consumo de bienes y servicios para satisfacer importantes necesidades individuales, comunitarias y sociales, sin que tales necesidades sean monetariamente 'solventes'. Así también es posible desplegar diferentes maneras de activar recursos y factores productivos desocupados, sin que para ello se requiera que la producción resultante sea vendida a precios que cubran los costos y generen utilidades monetarias a los productores. Entre tales iniciativas que amplían el consumo y satifacción de las necesidades, y que dan empleo productivo a recursos y factores desocupados, están todas aquellas formas de producción que se basan en la asociación de las personas poseedoras de recursos y factores productivos, dando lugar a la creación de unidades económicas autónomas y asociativas. Muchas de ellas crean su propia demanda, y se orientan a la satisfacción de necesidades insatisfechas de sus propios integrantes y de las comunidades locales circundantes.

La Teoría Económica Comprensiva nos indica que existen y son posibles modalidades de coordinación y articulación entre las ofertas y las demandas, que proceden con lógicas distintas a las del mercado de intercambios. Entre ellas, las más importantes son las

312

que se establecen en base a **relaciones de donación, de reciprocidad, de comensalidad y de cooperación**. Examinemos brevemente de qué modos ellas permiten enfrentar de modos nuevos el problema de la sobreproducción y subconsumo.

Las donaciones tienen el efecto inmediato de incrementar la demanda de bienes y servicios, en cuanto orientadas a satisfacer las necesidades de personas y grupos que no están en condiciones de solventarlas con sus propios ingresos. Ocurre así aún cuando las donaciones se realizan con dinero ya existente y disponible en el mercado, por la sencilla razón de que las personas de menores ingresos, receptoras de las donaciones, destinan una mayor parte de sus ingresos al consumo, mientras que los donantes, normalmente personas de elevados ingresos, inmovilizan parte de sus ingresos mediante el ahorro y/o la inversión.

Que las donaciones constituyen un eficaz modo de incrementar el consumo y en consecuencia reducir la sobreproducción relativa, es algo que demostramos analíticamente en el libro *Crítica de la Economía, Mercado Democrático y Crecimiento*, Capítulo 4, parágrafo 31, en que examinamos *"La contribución de las donaciones al crecimiento, por su impacto sobre la demanda agregada y sobre la oferta agregada."*

Tal como expuesto, este efecto de las donaciones se mantiene en el marco del mercado de intercambios, y será más o menos significativo según el volumen del desplazamiento de dineros y recursos desde los que obtienen mayores ingresos hacia quienes los obtienen menores. Pero el impacto de las donaciones y de la economía solidaria en general en la superación del problema de la sobreproducción puede ser muy superior e impactar la raíz o causa última del problema.

Pues, en definitiva el problema es: ¿qué hacer con los recursos productivos excedentarios? ¿Cómo canalizar las capacidades creativas de las personas, los grupos, las comunidades, etc. que quieren trabajar, producir, realizar obras que los expresen y desarrollen? ¿Pueden estos recursos y capacidades, activarse y producir bienes y servicios, cuando se prevé realistamente que no encontrarán las correspondientes demandas solventes en el mercado?

Para responder esta pregunta conviene observar y reflexionar sobre lo que efectivamente hacen muchos individuos y grupos de personas, cuando despliegan actividades creativas en las que buscan expresarse y encontrar realización personal y comunitaria. Pensemos, por ejemplo, en los artistas que componen canciones y las cantan ante sus familiares y amigos; o en quienes comunican sus ideas a través de las redes sociales; o en los orientadores espirituales que ofrecen sus consejos a quienes en su entorno inmediato estén dispuestos a escucharlos; y en los investigadores científicos y los escritores que elaboran sus investigaciones y no encontrando acogida en las revistas que las canalicen académicamente, las difunden a través de medios informales que ellos mismos organizan.

Lo primero que resalta en todos estos casos, es el hecho mismo de la sobreabundancia de la producción artística, literaria, cultural, religiosa y científica, relativamente a la limitada demanda de tal producción de servicios y obras en los mercados, que llegan en proporciones menores a través de los medios formales que las difunden entre quienes están dispuestos a pagar los costos implicados en tales actividades. Tantos poetas, artistas, escritores, pensadores, científicos, religiosos, trabajan y realizan sus mejores producciones cubriendo ellos mismos los costos implicados en su actividad, y debiendo obtener el sustento que les permite vivir y realizar aquellas obras, trabajando en otro tipo de actividades rentables. La gratuidad con que se opera en estos ámbitos es un fenómeno tan amplio y extendido que incluso a menudo se cuestiona el hecho de que tales acciones y obras culturales sean procesadas a través del mercado, y se pide para ellas una compensación que permita cubrir los costos que ha significado su elaboración y su difusión.

La sociedad debiera preocuparse de favorecer la producción y distribución de tales obras y servicios culturales y conviviales. También pudiera favorecerse su demanda, aún cuando la exigencia de gratuidad por parte de los interesados en recibir dichas obras y servicios no siempre sea justificada. Pero lo más importante es reconocer que la oferta generosa de esas obras y servicios por parte de quienes están dispuestos a entregarlas gratuitamente, es la expresión de que los seres humanos - especialmente los más creativos y capaces de grandes obras -, tienen y sienten intensamente la necesidad de realizarlas y de ofrecerlas a los demás, como expresión de su propia vocación a ser más, a realizar sus propias potencialidades, a proyectarse.

Cabe observar que detrás de la reducida y a menudo distorsonada demanda de muchos bienes y servicios culturales y conviviales, se hace patente una verdadera atrofia de ciertas necesidades humanas fundamentales, tanto de carácter cultural y espiritual como relacional y comunitario, por parte de muchos; atrofia causada por el excesivo énfasis puesto en la época moderna en el consumo de bienes y servicios estandarizados, producidos industrialmente de modo masivo, y promocionados con todos los medios disponibles, precisamente con la intención de enfrentar el problema de la sobreproducción.

Considerando todo lo que hemos examinado hasta aquí, podemos concluir que enfrentar el problema de la sobreproducción tal como se presenta en la actualidad, requiere una consistente reorientación de la producción, en cuanto a los tipos de bienes y servicios que se han de producir, así como cambios profundos en las pautas de consumo y en cunto a las necesidades, aspiraciones y deseos de los consumidores. Pues hay que hacer frente, también, a la cuestión de los recursos no renovables y de las fuentes de energía que se agotan, por un lado, y a la saturación del consumo de diversos tipos de bienes y servicios que está afectando la calidad de vida.

El enfrentaniento de estas situaciones críticas, que exigen una perspectiva de desarrollo humano sustentable, es también algo inherente y coherente con la economía solidaria. En efecto, ella presenta particulares 'ventajas comparativas' en relación a la satisfacción de necesidades, aspiraciones y deseos de carácter relacional y cultural, que se satisfacen preferentemente mediante servicios de proximidad y con actividades que involucran a los propios sujetos de las necesidades, requiriendo menos bienes producidos industrialmente, menos 'cosas y artefactos', y menor consumo de energías materiales.

El tema lo hemos abordado en profundidad en otras ocasiones, y no podemos extendernos aquí en su análisis- Lo importante es, en todo caso, comprender que el desarrollo de la experiencia humana en las dos dimensiones involucradas en el problema de la sobreproducción, a saber, la expansión de las necesidades, aspiraciones y deseos de las personas y comunidades, y el despliegue de las capacidades creativas de los seres humanos, forman parte esencial del proceso de desarrollo sustentable tal como puede visualizarse desde la perspectiva de la economía solidaria. En nuestra Teoría Económica Comprensiva hemos elaborado, en particular, una nueva concepción teórica del consumo, orientado hacia la mejor e integral satisfacción de las necesidades humanas, con énfasis en las necesidades relacionales y conviviales, así como en aquellas culturales y espirituales. Y hemos elaborado también una teoría del desarrollo humano sustentable, que enfatiza la creación y uso de los recursos y factores humanos, intersubjetivos, comunitarios y sociales.

Parecen ser estos que hemos aquí apenas esbozado, los principales caminos que las condiciones actuales en que se presenta el problema de la sobreproducción y el subconsumo, abren para el desarrollo de la humanidad, en busca de nuevas y superiores realizaciones tanto a nivel individual como comunitario y colectivo. Ello, es evidente, nos orienta hacia **la construcción de una nueva y superior civilización**, cuestión que podemos considerar como la gran tarea histórica, epocal, del presente.

XII.

MERCADO, ESTADO Y SOLIDARIDAD CIVIL.*(1)

- - - - - - -

* Ponencia presentada en el Workshop *"Mercado, Estado y Sociedad Civil"*, organizado por la Pontificia Academia de Ciencias Sociales y ODUCAL, en la Ciudad del Vaticano, Octubre de 2017.

(1) Empleo aquí la expresión 'solidaridad civil' y no 'sociedad civil' porque el concepto de 'sociedad civil' empleado en relación con los conceptos de mercado y de estado se presta a confusión. Por un lado, la distinción habitual que se hace es entre 'sociedad civil' y 'sociedad política', de modo que la sociedad civil incluye al mercado, mientras que la sociedad política incluye al estado. Por otro lado, si lo que se quiere comprender es la relación y articulación entre los 'sectores' económicos del mercado, el estado y un 'tercer sector', conviene identificarlos por los tipos de relaciones y transferencias que los constituyen y que les determinan sus respectivas 'racionalidades'. Ellas son, efectivamente, las relaciones de intercambio (racionalidad de mercado), las tributaciones y asignaciones jerárquicas (racionalidad de regulación y planificación institucional), y los varios tipos de relaciones solidarias: donaciones, reciprocidad, comensalidad, cooperación (racionalidad de la solidaridad civil). En otros trabajos he propuesto la distinción entre economía de mercado, economía regulada y economía solidaria, que considero aún más rigurosa. Volveré sobre esto más adelante.

1.- Pienso que estamos transitando hacia una nueva civilización. Lo que hace posible este tránsito es la Internet y las nuevas Tecnologías de la información y la Comunicación, que están transformando el modo de comunicarnos y relacionarnos, de aprender y de conocer, de comportarnos y de actuar, impactando fuertemente la educación y los medios, el trabajo y la producción, el comercio, los servicios y las finanzas, la cultura y la política, y que están expandiendo en gran parte de la población la creatividad, la autonomía y la solidaridad. Pero la Internet y las TICs no son la nueva civilización; facilitan su creación y permiten iniciar el tránsito hacia ella, pero los contenidos que tendrá esta Nueva Civilización no los conocemos aún, no están predeterminados, y dependen también de nosotros, y también de la Iglesia. Y sobre todo, de quienes se planteen el tránsito a una Nueva Civilización como proyecto consciente, y de la claridad y decisión con que lo hagan.

Para participar, e influir en cómo será, asumiéndola como proyecto, es importante disponer de la necesaria claridad conceptual. Para asumirla como proyecto hay que tener la capacidad de pensarla, de concebirla, de proyectarla. Y para ello hay que tener los conceptos necesarios. Y en ello el tema de las relaciones entre el mercado, el estado y la sociedad civil es esencial. Esos tres conceptos los tomamos de la vieja civilización moderna; pero debemos reformularnos, pues están marcados por las características de esa civilización. Sostendré en este trabajo que para superar esa civilización hay que reformular esos conceptos.

2.- La cuestión del tamaño del mercado, del estado y de la solidaridad civil, y de sus proporciones y relaciones recíprocas, ha estado al centro de los debates y conflictos ideológicos, económicos y políticos a lo largo de la civilización moderna, y continuará estándolo durante el proceso, actualmente iniciado, de transición hacia una nueva civilización. Requiere, por lo tanto, ser comprendido en perspectiva de los tiempos largos y de la sociedad humana global.

En la civilización moderna – de modo predominante aunque no totalmente – el mercado asume la forma capitalista, la regulación y planificación institucional adopta la forma estatista, y la solidaridad civil la forma de la beneficencia y la filantropía. Enmarcados teórica y prácticamente en esta civilización, tanto el liberalismo como el socialismo identifican el mercado con el capitalismo, la regulación institucional con el estado, y la solidaridad civil con el altruismo y la beneficencia. Así, la cuestión ha sido pensada dentro de límites teóricos que dificultan su comprensión más amplia y más profunda, e impiden imaginar y proyectar alternativas a lo existente.

En esos términos y en los marcos de la moderna civilización, que es capitalista y estatista a la vez, no es posible encontrar una respuesta nueva – y una solución efectiva – a los problemas que genera la lucha entre el capitalismo y el estatismo, entre el liberalismo y el socialismo. Desde el momento que se identifica el mercado con el capitalismo, y la regulación institucional con el estatismo, a lo mejor que se puede llegar es a concebir soluciones mixtas, respuestas intermedias. Porque, obviamente, tanto el mercado como la regulación institucional son necesarias e insustituibles. Pero si se los identifica con el capitalismo y con el estatismo, lo que se asume como necesario e insustituible son el capitalismo y el estatismo.

En tal contexto, el conflicto entre quienes quieren más mercado (más capitalismo) y quienes aspiran a más estado (más estatismo) se hace permanente, insoluble, sin que se alcance un equilibrio apropiado porque cada una de esas dos grandes tendencias contrapuestas, creyendo que son necesarias e insustituibles, buscan expandir sus propios ámbitos, llevando a que las sociedades oscilen entre ambos extremos. Consecuencia lógica de tal confrontación es la progresiva reducción y marginalidad de los espacios de la solidaridad civil, que han llegado a su minimización, sin que los actores de ésta logren adecuada presencia y visibilidad.

Ahora bien, pensando en perspectiva histórica, mirando hacia el pasado que nos enseña que han existido formas del mercado distintas al capitalismo, formas de la regulación institucional que no son estatistas, y formas de la solidaridad civil que no son las filantrópicas y de beneficencia; y mirando hacia el futuro donde podemos entonces pensar en nuevas y mejores formas del mercado, de la regulación intitucional y de la solidaridad civil, encontraremos nuevos respuestas a la cuestión de las proporciones y relaciones que articulen del mejor modo esos tres 'sectores' de la economía.

Ello supone reformular los conceptos del mercado, de la regulación y planificación institucional, y de la solidaridad civil, y comprender que no debe confundirse el mercado con el capitalismo, la actividad institucional con el Estado, y la solidaridad civil con el altruismo y la beneficencia.

3.- ¿Qué es el mercado? El mercado lo constituye el intercambio de bienes y servicios entre las personas, las empresas y las organizaciones. Relaciones de intercambio que han existido siempre, siendo el mercado que resulta de ellas, la principal expresión del carácter social del ser humano. En efecto, existe el mercado porque no somos – cada uno, cada familia, cada comunidad y ni siquiera cada país – autosuficientes. Existe el mercado porque nos necesitamos unos a otros, y porque trabajamos unos para otros. Porque nos necesitamos unos a otros, intercambiamos lo que tenemos y lo que producimos, para satisfacer las necesidades propias y de los demás.

En el mercado nos motiva en primer término la necesidad y el impulso de sobrevivencia; en segundo término, la necesidad de cooperarnos recíprocamente; y sólo en tercer término, el deseo y el impulso de competir. Así surgió el mercado casi en los comienzos de la historia, y así mismo es que sigue existiendo.

Por cierto, a lo largo de la historia el mercado ha asumido diferentes formas, y ha sido más o menos cooperativo, competitivo y conflictivo. Más o menos igualitario y equitativo; más o menos concentrado y desigual; más o menos integrador o excluyente; más o menos justo o injusto. Pero siempre, aún en sus formas más inicuas, el mercado es necesario, pues sin él la especie humana no sobrevive.

Consecuencia de lo anterior es que nadie puede estar razonablemente contra el mercado; pero podemos luchar porque el mercado sea más equitativo, menos concentrado, más democrático y más justo.

Cabe advertir que la forma moderna del mercado, su organización capitalista, no es la peor forma del mercado que haya existido o que pudiera existir. Ella tiene cualidades y defectos. Es tal vez la mejor organización del mercado que haya existido a nivel global, mundial; pero se han observado en la historia, formas del mercado mucho mejores, más justas, más integradoras y democráticas, a escala local, en comunidades y espacios particulares de la vida social.

Esto nos lleva a pensar que es posible transformar el mercado y perfeccionarlo también a nivel global, haciéndolo más democrático y menos concentrado, más integrador y menos excluyente, más cooperativo y menos competitivo, más solidario y menos conflictivo. Es posible concebir, proyectar y organizar un mercado no-capitalista, post-capitalista.

4.- Algo similar podemos decir sobre la regulación y planificación institucional, que se constituyen a través de las tributaciones que los integrantes de la sociedad realizan en función de las necesidades colectivas, y de las asignaciones jerárquicamente distribuidas para atender esas necesidades.

La regulación y planificación institucional, igual que el mercado, no es un fenómeno moderno, pues siempre ha existido, por ser una necesidad, una expresión eminente de la naturaleza social del ser humano. Existe regulación y planificación porque es necesario que contribuyamos y que nos demos un ordenamiento institucional para que puedan ser atendidas las necesidades comunes a todos y a la sociedad en su conjunto. En tal sentido, nadie puede razonablemente estar contra la regulación y la planificación institucional.

En lo económico la acción de las instituciones se basa principalmente en las transferencias y tributaciones que las personas, organizaciones y empresas realizan a un ente recolector central, y en las asignaciones jerárquicas y planificadas que el organismo central realiza para atender las distintas necesidades y aspiraciones sociales de las que se hace cargo.

La forma estatal-nacional de la regulación y planificación institucional no es la peor ni la mejor que haya existido en la historia. Presenta cualidades y defectos. Entre sus cualidades se cuenta el haber proporcionado ciertos niveles de bienestar económico a sectores importantes de la sociedad, que no han estado bien insertados en el mercado capitalista. Entre sus defectos cabe mencionar la concentración del poder en una clase política y burocrática de alto costo y baja eficiencia; la escasa participación de la población en las decisiones que afectan a todos; la formación de grupos corporativos que imponen sus intereses a través de la presión y el chantaje social; la conflictualidad entre los estados, que ha dado lugar a guerras sangrientas y a un 'orden internacional' que sólo se sostiene en un precario equilibrio entre fuerzas militares en constante expansión.

Han existido históricamente, y se están actualmente experimentando, formas de regulación y planificación institucional no estatalistas, sino generadas desde instancias territoriales locales, comunitarias y comunales. Es posible concebir, proyectar y organizar un orden institucional construido desde la base hacia arriba, conforme al principio de que todo lo que puede ser realizado por entidades pequeñas y más próximas a las personas y las familias, debe ser dejado en manos de esas entidades menores; y que a través de escalas ascendentes de subsidiaridad, se organicen las instancias institucionales que se hagan cargo de aquello que las entidades inferiores no puedan por sí mismas realizar. Esto daría lugar a una regulación y planificacion institucional no-estatista, post-estatista, que genere niveles muy superiores de bienestar, de integración social, de participación política y de empoderamiento comunitario.

5.- Y llegamos así al tercer término de la ecuación, lo que llamamos solidaridad civil (o economia solidaria). Al respecto, igual como es erróneo identificar el mercado con el capitalismo y la regulación institucional con el estado, lo es identificar la solidaridad social con las donaciones y la gratuidad, la beneficencia y la filantropía.

Las personas y las entidades que hacen donaciones operando sin fines de lucro, que ofrecen gratuitamente bienes y servicios a personas y grupos afectados por la pobreza, la enfermedad, la ignorancia u otras limitaciones y problemas, constituyen sin duda formas de solidaridad social. Pero constituyen solamente una de las expresiones de ésta, y respecto de ellas es preciso reconocer, igual que del capitalismo y de la regulación estatal, que presenta cualidades y defectos, valores y limitaciones.

Las personas expresamos nuestra generosidad y nuestro efectivo compromiso con personas, organizaciones, procesos y dinámicas sociales, realizando donaciones, o sea, aportándoles dinero, recursos, trabajos y conocimientos, de manera gratuita, sin cobrar por ello ni esperar una retribución o recompensa. Un indicador efectivo de nuestro nivel de generosidad y compromiso, es el porcentaje de nuestros ingresos, recursos y tiempos de trabajo eficaz, que regalamos a aquellas personas o causas que afirmamos que cuentan con nuestro apoyo y valoración. Si nada ofrecemos gratuitamente, nuestras declaraciones de amor y compromiso son 'pura música', como se dice.

La gratuidad y las donaciones son muy importantes, y puede fácilmente demostrarse que las más grandes obras de progreso de la humanidad, y muy relevantes creaciones y transformaciones positivas que experimenta la sociedad, son el resultado de la acción generosa de personas, organizaciones y grupos que han aportado gratuitamente dinero, recursos, trabajos y conocimientos para que esas obras, creaciones y procesos pudieran realizarse.

Pero hay que hacer una aclaración importante, porque actualmente se habla de gratuidad para referirse a todo lo que, sin pagar por ello, reciben las personas del Estado, en salud, educación, pensiones y otros servicios. En este sentido, donación sería lo que se recibe sin que se pague por ello alguna retribución.

Pero ¿de dónde proceden los recursos con que el Estado provee esos beneficios a las personas que los necesitan? En gran parte los obtiene de transferencias que las personas y las empresas le hacen al pagar impuestos, tributaciones y multas, por las cuáles esos contribuyentes no reciben una retribución o un pago por ellas. Pues bien, si por gratuidad entendiéramos todo lo que es transferido y recibido por un sujeto económico sin efectuar por ello un pago de su valor equivalente, podríamos concluir que el Estado es el gran receptor y el gran dador de donaciones; pero no es así. En realidad, lo exacto es decir que el Estado es una especie de intermediario entre los recursos que obliga que le entreguen las personas y las empresas, y las asignaciones y subsidios que transfiere a otros miembros de la sociedad. Pero eso no es gratuidad ni donación, ni por parte de los que pagan impuestos y contribuciones, ni de los que reciben subsidios y beneficios.

Ese falso concepto de la gratuidad ha sido difundido por la clase política y las burocracias del Estado, porque les conviene y les gusta hacer creer que son ellos quienes actúan con generosidad cuando asignan recursos para resolver problemas de sectores de la población. Pero en verdad, no hay generosidad especial en quienes hacen aquello, que no es más que cumplir con sus deberes, por lo cual son debidamente remunerados. Ocurre más bien al revés, que los políticos ven acrecentarse su poder, y lo buscan conscientemente, al realizar esas asignaciones y subsidios, toda vez que gran parte de la población elige como sus representantes a quienes les ofrezcan más cosas gratuitamente, y que pongan más elevados tributos e impuestos a otros.

Para evitar confusiones como esas hay que distinguir entre lo que son las donaciones que se hacen de manera voluntaria entre personas, empresas y organizaciones privadas, y los circuitos de 'tributaciones y asignaciones', que corresponden al ámbito de la regulación estatal.

También hay que distinguir, en la actividad que realizan las fundaciones, corporaciones y ONGs que operan 'sin fines de lucro', lo que constituye donación efectiva de lo que es solamente la actividad profesional remunerada de sus funcionarios. Los verdaderos donantes son, en estas organizaciones, quienes les aportan los recursos, y no las instituciones que se limitan a transferirlos a los beneficiarios mediante actividades profesionales remuneradas.

Otra precisión que hacer es que donaciones las hay de diferentes tipos, y se realizan por distintas motivaciones. Se puede donar, por ejemplo, para obtener reconocimiento social, o la fidelidad e incluso la sumisión del beneficiado. Pero aquí me referiré solamente a la gratuidad como acción benevolente y generosa.

6.- ¿Qué es donar? Donar no es regalar cualquier cosa, sino algo que tenga un valor tanto para el donante como para quienes son beneficiarios. Podemos donar dinero, cosas, trabajo y conocimientos, que tengan un valor real y verdadero. El valor de lo que donamos dependerá de la utilidad de esas cosas que regalamos, de la productividad de nuestro trabajo, de la calidad de los conocimientos que entreguemos, y de la cantidad y valor del dinero que aportamos.

Pero es importante comprender que el valor de aquello que donamos no lo establece el donante, sino el receptor o beneficiario de la donación, que es a quien lo recibido le podrá ser más o menos útil. Esta es una diferencia importante respecto al valor que tienen esas mismas cosas, trabajo, conocimientos y dinero en el mercado, donde el 'valor de cambio' es el precio en que vendedor y comprador acuerdan hacer la compra-venta.

En el caso de las donaciones, es bastante probable y común, que el valor que los donantes atribuyen a lo que regalan, sea muy distinto al valor que le asignan quienes lo reciben. Y no se trata de una relación simétrica, porque normalmente en las donaciones, donante es el que posee más, y receptor o beneficiario es el que posee menos. Por eso, en el caso de una donación en dinero, es probable que el receptor, siendo pobre, le atribuya más valor que el donante, porque ese dinero le servirá para adquirir bienes que considera de alto valor porque lo usará para satisfacer necesidades básicas. Pero, al revés, en la donación de conocimientos, el receptor, si es más ignorante que el donante, probablemente atribuirá menos valor al conocimiento que recibe, que el valor que le asigna el donante, porque mientras éste sabe bien lo que vale el conocimiento, el receptor lo captará solo parcialmente e incluso no sabrá bien como aplicarlo. Además, la recepción de conocimientos implica de parte del receptor un esfuerzo de aprendizaje, que no siempre está dispuesto a realizar. Es por esto que personas muy sabias que pasan su vida regalando valiosos conocimientos, suelen tener escaso reconocimiento, mientras que personas que solamente regalan una pequeña porción de su dinero, son considerados grandes benefactores y filántropos.

Por eso es importante abordar otra pregunta: ¿a quiénes donar? Una primera respuesta obvia es que sólo hay que realizar donaciones a quienes las necesitan y que estén dispuestos a recibirlas. Pero no es tan sencillo seleccionar bien a quienes donar, que merecen nuestras donaciones y que las aprovecharán convenientemente. Esto, por muchas razones.

A menudo quienes necesitarían y harían muy buen uso de donaciones que reciban, no las solicitan. Y no siempre quienes piden donaciones son las que más las necesitan. Y muchas veces los receptores no hacen con lo que reciben aquello para lo cual lo solicitaron.

Ocurre que muchos pedigüeños de donaciones se especializan en conocer cuáles son las motivaciones de los potenciales donantes, con el propósito de formularles sus peticiones no según las efectivas necesidades y proyectos que tengan, sino en función de motivar e incentivar la donación. El mundo de las donaciones está, en efecto, plagado de engaños y de mentiras. Y aunque el hacer donaciones es considerado como expresión de generosidad, tanto por quienes las hacen como por quienes saben de ellas, demasiado a menudo las donaciones resultan nocivas y dañinas, porque en los hechos promueven actividades inapropiadas, favorecen a quienes no se debiera favorecer, generan dependencias, fomentan el engaño y la ineficiencia. Por eso, si somos personas generosas, destinaremos tiempo y reflexión para seleccionar bien a quienes destinaremos nuestras donaciones, a quiénes beneficiaremos con nuestros dones.

Esto nos lleva a una tercera pregunta. ¿Cuánto donar? Al respecto, pareciera que fuera conveniente donar lo más posible, sea porque ello implica mayor generosidad del donante, y más beneficios para los receptores. Pero las cosas no son tan sencillas.

Si, como dije al comienzo, el valor de las donaciones lo establece el receptor y no el donante, es importante que éste – el donante – conozca el valor que le atribuirá el beneficiario a lo que le regala, y lo que realmente hará con ello. Un primer aspecto a considerar es que si el receptor recibe, por ejemplo, más dinero del que le es estrictamente necesario para lo que necesita hacer, él 'descanse' en el donante, y en vez de aplicar sus propias capacidades y recursos a lo que desea o necesita, se ahorre el esfuerzo, con lo cual perderá su propia energía, se desarrollará menos de lo que puede, e incluso puede caer en la dependencia respecto del donante. Así ocurre también con la donación de trabajo. Si el donante realiza todo el trabajo, o gran parte de éste, sin exigir que el beneficiaro ponga su parte, éste perderá la oportunidad de desarrollarse.

En la donación de conocimientos sucede también algo peculiar. Como señalé al comienzo, el conocimiento no se puede recibir sin realizar un esfuerzo de aprendizaje. La transferencia gratuita de conocimientos requiere la participación activa tanto del donante como del receptor. Muchísimas personas no están conscientes de esto. Un ejemplo de la desvalorización de las donaciones y la gratuidad, cuando son abundantes, lo encontramos en los libros y los cursos disponibles en internet para 'descargar'. Muchos son los que 'descargan', pero pocos los que leen y estudian. Y esto genera un problema, porque es sabido que lo que mucho abunda y fácilmente se obtiene, es poco apreciado y valorado. Asi, cuando un autor coloca sus obras a libre disposición en internet, debe estar consciente de que asume el riesgo de que su trabajos sean escasamente valorados.

Esto plantea un dilema a quienes quisieran contribuir con conocimientos rigurosos y profundos al desarrollo de alguna causa o proceso cultural, social o espiritual. Porque en un contexto en que se difunden gratuitamente tantas informaciones de escaso valor y profundidad, y en que por consiguiente todo lo que se ofrece adquiere un valor muy bajo a causa de la abundancia, agregar a esa inmensa corriente, en forma igualmente gratuita, una obra que se considere especialmente valiosa, implica desvalorizarla, en alguna importante medida. No obstante esto, probablemente el máximo beneficio social se logre mediante la libre circulación de los conocimientos, esperándose que lleguen a quienes sepan hacer un buen uso de ellos.

Ahora bien, las donaciones, la beneficencia y la filantropía son solamente una de las formas de la solidaridad social y de la economía solidaria. Es la que llamamos 'economía de donaciones'. Pero la economía solidaria se encuentra constituida también por aquellas actividades y organizaciones que proceden en base a relaciones de reciprocidad, de comensalidad, de cooperación. Se configuran, así, como parte de la solidaridad civil, la 'economía de reciprocidad', la 'economía de comunidades', la 'economía de redes', la 'economía de cooperación y de mutualismo'.

Expresiones de solidaridad civil son, entre otras, el cooperativismo, el comercio justo, el consumo responsable, las finanzas éticas, las redes informáticas, las aplicaciones que facilitan la coordinación horizontal de las decisiones, y muchas otras formas de solidaridad activa que se están experimentando en todo el mundo.

7.- Hechas estas precisiones conceptuales sobre el mercado, la regulación institucional y la solidaridad civil, estamos en condiciones de concebir nuevas respuestas a la pregunta sobre las proporciones en que los tres 'sectores' pueden desarrollarse y combinarse para proporcionar conjuntamente el mayor y mejor beneficio humano y social.

Desde el momento que comprendemos que cada 'sector' puede estar constituido de modos más o menos integradores e incluyentes, más o menos concentrados o descentralizados, más o menos oligárquicos o democráticos, más o menos justos o injustos, nos damos cuenta de que son posibles distintas combinaciones óptimas entre ellos. Dicho en síntesis: No hay un tamaño óptimo para cada sector, sino que eso depende de su grado de perfección interna.

Mientras más coherente, integrador y genuinamente solidario sea el sector de la solidaridad civil, más importante podrá ser su aporte, y menos necesarios serán el mercado y la regulación institucional. Mientras más el mercado sea democrático e incluyente, más amplio podrá ser su espacio y sus dimensiones relativas, siendo menos importante la regulación institucional. Mientras más democrática y desconcentrada sea la regulación institucional, más amplia podrá ser su presencia y aportación al bien común.

Siendo así, más que ocuparse en organizar alguna determinada estructura que armonice y combine los tres 'sectores', lo que cabe hacer es buscar el perfeccionamiento de cada uno de ellos. Hacer que la solidaridad civil sea más genuinamente solidaria e integradora; que el mercado sea más democrático; que la regulación institucional sea más descentralizada: son los desafíos y tareas para promover la mejor economía y el bien común. Y cada 'sector' encontrará por sí mismo su tamaño óptimo relativo, atendiendo a sus propios criterios de eficiencia y perfeccionamiento interno, en conformidad con sus propias racionalidades.

8.- Concluyendo: La cuestión de fondo que nos interesa y que está en la base del tema de las relaciones entre mercado, estado y solidaridad civil, es ¿cómo construimos sociedad? ¿cómo la transformamos y perfeccionamos? Y ¿cómo damos comienzo a la creación de una nueva civilización?

A través de las actividades y relaciones de intercambio, en las que todos participamos con algún pequeño grado de influencia, construimos el mercado: la sociedad como mercado. A través de las relaciones de tributación y asignaciones jerárquicas, que son establecidas por el poder y a la que los ciudadanos nos subordinamos, con algún mayor o menor nivel de participación activa, construimos el orden institucional: la sociedad como organización política. Y a través de las relaciones de donación, reciprocidad, comensalidad y cooperación, construimos la solidaridad civil, que es constitutiva de la sociedad como comunidad o comunidad de comunidades.

Transformar el mercado haciéndolo más democrático, equitativo y justo; crear un orden institucional más representativo, participativo y libre; y desarrollar una solidaridad civil más extendida, diversificada e integrada, constituyen los procesos principales de la creación y transición hacia una nueva civilización. Para ser protagonistas más activos e incidentes en tales procesos, necesitamos desarrollar nuestra creatividad, autonomía y solidaridad, y proveernos de una nueva estructura del conocimiento; o sea, de una nueva epistemología y concepción del mundo, y de nuevas ciencias de la economía, de la historia y de la política, de la educación y las ciencias, que sean comprensivas de la complejidad de lo real y de las potencialidades del ser humano.

ÍNDICE